財務諸表論の考え方

― 会計基準の背景と論点 ―

田中 弘

税務経理協会

税理士・公認会計士試験に
チャレンジする皆さんへの応援歌

◆財務諸表は，生きた経済を映す鏡です

「財務諸表論は暗記科目だ」と考えている人はいませんか。暗記科目だと考えていますと，財務諸表論はなんとも退屈な，無味乾燥な科目になってしまいます。実は，そうではないのです。

財務諸表は，「生きた社会」「活動する経済」を映し出す鏡です。従業員を厚遇している企業かどうかは，人件費や福利厚生費を見ればわかります。社会の貴重な資源を無駄に使っていないかどうかは，**資本利益率**を計算すればわかります。工場の稼働率は，わざわざ工場まで出向かなくても，工場の電力料金を見ればわかります。先月よりも電力料が増えていれば，それだけ生産活動が活発に行われている証拠です。

このように企業における**すべての経済活動**は，かならず，**会計データに反映**されます。逆にいいますと，会計データの背後には，かならず，企業の経済活動があるのです。

法や会計基準だけを覚えても，**会計データの背後にある企業活動**を読み取ることはできません。会計学や財務諸表論の知識を活用するためには，会計の背後にある経済社会や企業活動を理解していなければならないのです。

本書を読み進めていきますと，財務諸表が「企業の経済活動を映し出す鏡」であることがよくわかると思います。財務諸表論は「暗記科目」でもありませんし，「無味乾燥な科目」でもありません。生きた経済社会・現実の企業活動と密接に結びついた有用な知識であり技法なのです。

読み終わったときには，きっと皆さんの「会計」とか「財務諸表論」に対する考えが変わっていることと思います。

◆財務諸表論の「なぜ」に答える

また，この本では，「なぜ」を重視しています。

「なぜ，会社法の規定と金融商品取引法の規定が違うのだろうか。」
「土地の売却益は，なぜ，特別利益とするのか。」
「なぜ，資産を，流動資産と固定資産に分けるのだろうか。」
「低価法には，なぜ，時価がいくつもあるのだろうか。」
「デパートや大規模スーパーで売価還元法を使うのは，なぜか。」
「なぜ，有価証券だけ時価評価するのだろうか。」
「臨時巨額の損失を出しても配当が許されるのは，どうしてか。」

疑問は，いくらでも出てきます。上の「なぜ」に対する答えを知っていれば，会計は非常にわかりやすい，目の前で展開される経済活動に直結した生き生きとした学問になりますが，知らずに勉強すると，会計は，なんともつまらない暗記科目になってしまいます。

皆さんの「財務諸表論」は，生き生きしていますか，それとも単なる暗記科目ですか。

◆通説だけでは知識として薄っぺら

　通論・通説を知っておくことは大事です。しかし，**実務が通論・通説の通りには動いていないことを知っておくことも重要**です。また，**国家試験**では，通説・通論を知っているかどうかを問うような問題もありますが，**最近の傾向としては，通説を批判させたり，異論・異説を書かせたりするような問題が目立っています。**

　会計学・財務諸表論のように，理論と実務が密接に結び付いている領域では，通論・通説を知っているだけではなく，その**通説や通論がどこまで実務を説明することができるか**を理解しておくことも大事です。

　通論・通説だけでは知識として薄っぺらです。通論・通説の背後にある「理由」「原因」「目的」「効果」「結果」などを理解しておく必要があるのです。場合によっては，通論・通説では説明がつかないこともあります。そうした場合に，いかなる理論の立場なら一貫した説明をすることができるかを知っておくことが大事です。最近の試験では，そうした通論・通説では説明がつかないことが出題されるようになってきました。

　なぜ，そういう規定をおくのか，何のためにそういうルールを設けているのか，そうした処理をするとどういう効果・結果があらわれるのか，こうしたことを知った上で答案を書くのと，知らずに答案を書くのとでは，得点にも雲泥の差が出るでしょう。

◆本書のねらい

　本書では，税理士試験の財務諸表論で問題となるポイントのうち，とりわけ試験において重要なところ，**会計固有の考え方や会社法固有の考え方**があるところ，**議論の背景や論点**を整理しておくべきところなどを，経済社会・企業活動と結びつけて取り上げています。

　税理士試験には「**会社法**」という科目がありません。実務につけばもっとも重要な法律の１つになるにもかかわらず，「会社法」という科目がないのです。そこで，本書では，**会社法の考え方**，会社法における会計の役割がわかるように工夫しています。ただし，法の細かな規定については書いていません。規則集などを座右において，参照しながら学習してください。

◆公認会計士の試験を受ける皆さんへ

　本書は，税理士試験を受ける人たちを対象にしたものですが，書いてあることは，**会計士試験の財務会計論**にも対応できるようになっています。会計士の試験では，財務諸表論と試験範囲が違いますから，より広い範囲の勉強が必要ですが，筋道を立てて考えたり書いたりする必要のある領域は，本書でほとんど網羅しています。

　それでは，皆さんと一緒に，「生きた経済を映す財務諸表論」を学習していきたいと思います。

2015年１月

田　中　　　弘

◎「ルビ」について

　この本では，ふりがな（ルビ）をたくさんつけています。

　試験のときは書くだけですから，読み方を間違えて覚えていても問題はないかもしれませんが，事務所で仕事するようになると，専門語を使って話をしますし，お客さんに対しても専門語を使うことが多くなります。

　そんなときに，「センニュウセンシュツホウ」とか「バイカケキン」などといおうものなら，「ホントに試験に受かったの」といわれかねません。「センニュウセンシュツホウ」は，「先入先出法」ですし，「バイカケキン」は「売掛金」か「買掛金」でしょう。

　仕掛品を「シカケヒン」と読んだり，「正規の簿記」を「ショウキノボキ」と読んだり，「持分」を「トクブン」と読んだり（たぶん，書くときも「特分」と書いているのでしょうか），「割賦販売」を「ワリフハンバイ」と読んだり，読み間違いを挙げだしたらキリがありません。

　仕訳を「シヤク」と読み間違える人もいます。貸付金を「タイフキン」と読んだり，引出金を「ヒキデキン」と読んだり，未渡小切手を「ミトコギッテ」と読んだり，皆さんは大丈夫でしょうか。

　大学や専門学校の講義を受けて勉強した人は，講義のときに耳で聞いていますから，あまり読み間違えることはないようですが，独学で勉強すると，読み間違えても仕方がありません。仕訳を「しわけ」と読ませるのは重箱読みといって，日本語では例外的な読み方です。すなおに読めば「しやく」です。先入先出法を「さきいれさきだしほう」と読むなんて，どこか古くさいですよね。「センニュウセンシュツホウ」の方が現代的でかっこいいじゃな

いですか。

　ただ，残念ながら，読み方を勝手に変えますと，専門家同士でも話が通じなくなるので，古くさかろうが，例外的な読み方だろうが，変えるわけにはいきません。そこで，皆さんにも，正しい読み方を覚えてもらいたくて，少し余分なくらいルビをつけました。

CONTENTS

税理士・公認会計士試験にチャレンジする皆さんへの応援歌

財務諸表論の考え方・学び方 ……………… 1

CHAPTER 1　会計は何をするものなのか　　　　　　　―フローの計算か，ストックの計算か …………………… 5

- 会計とは何をするものなのか ……………………………… 6
- 静態論から動態論へ ………………………………………… 8
- 会計の静態化 ……………………………………………… 11
- 現代会計の役割 …………………………………………… 14
- 会計の情報提供機能 ……………………………………… 15

CHAPTER 2　会計と法規制 …………… 16

- 私的自治と会計 …………………………………………… 17
- 会社法会計の目的――なぜ，債権者を保護するのか …… 18
- 会社法のディスクロージャー規定 ……………………… 22
- 金融商品取引法会計の目的――なぜ，投資者を保護するのか …………………………………………………… 25

- 金融商品取引法のディスクロージャー規定 ……………… 26
- 税法会計の目的——法人所得への課税のありかた ……… 28

CHAPTER 3　トライアングル体制 ……… 30

- トライアングル体制とは何か ………………………… 31
- トライアングル体制の実態 …………………………… 33
- ぶら下がり型会計規制 ………………………………… 35
- 確定決算主義 …………………………………………… 36
- 税法の逆基準性 ………………………………………… 39

CHAPTER 4　企業会計原則 …………… 41

- 一般に公正妥当と認められる企業会計の慣行 ………… 42
- 企業会計原則の生い立ち ……………………………… 43
- 企業会計原則の法的地位 ……………………………… 44

CHAPTER 5　7つの一般原則 ………… 45

- 真実性の原則 …………………………………………… 46
- 正規の簿記の原則 ……………………………………… 48
- 資本取引・損益取引区別の原則 ……………………… 49
- 明瞭性の原則 …………………………………………… 52
- 継続性の原則 …………………………………………… 54
- 保守主義の原則 ………………………………………… 57
- 単一性の原則 …………………………………………… 59
- 重要性の原則 …………………………………………… 61

CHAPTER 6　P／LとB／Sはどのように して作られるか ･･････････････ 62

- 会計と複式簿記のシステム ･･････････････････････････ 63
- ストック表としての貸借対照表 ･････････････････････ 65
- フロー表としての損益計算書 ･･･････････････････････ 67

CHAPTER 7　資産の分類―流動資産と 固定資産をどのようにして分 類するか ･････････････････ 70

- 資産の分類に関する基本的考え方 ･･････････････････ 71
- 流動資産と固定資産はどのように分類するのか ･･･････ 73
- なぜ，流動資産と固定資産に分類するのか ･･････････ 74
- 資金の循環 ･･ 75
- 営業循環の内にある資産と循環しない資産 ･･･････････ 76
- 営業循環基準 ････････････････････････････････････ 77
- １年基準（ワン・イヤー・ルール） ･･････････････････ 79

CHAPTER 8　資産の評価基準 ･･･････････ 81

- 取得原価主義会計の本質 ･････････････････････････ 82
- 取得原価の意味 ････････････････････････････････ 82
- 資産評価の基準 ･･････････････････････････････････ 84

CHAPTER 9　金融商品の分類と評価 ····· 87

- 有価証券の範囲 ·· 88
- 有価証券の分類 ·· 89
- 評価のための分類 ··· 94
- 市場価格のある有価証券の評価基準と評価差額の処理 ·· 96
- 純資産の部に記載する理由 ······························ 99
- 洗い替え法を採る理由 ···································· 101
- 市場価格のない有価証券 ································· 106
- 強制評価減と相当の減額 ································· 107

CHAPTER 10　棚卸資産の原価配分 ············ 109

- 棚卸資産の特徴 ·· 110
- モノの流れとコストの流れ ······························ 112

CHAPTER 11　低価法は原価配分法か，資産の評価法か ············ 121

- 新しい棚卸資産評価基準 ································· 122
- 企業会計原則と会社法の規定 ··························· 127

CHAPTER 12　固定資産の原価配分 ····· 129

- 定額法と定率法 ·· 130
- 無形固定資産 ··· 133

CHAPTER 13　リース資産とリース債務 ・ 135

- リース，賃貸借，レンタルの違い …………………… 136
- リース利用か自社所有か──資本利益率が変わる不思議 ………………………………………………… 136
- リースを利用する目的は何か ………………………… 140
- 新しいリース会計基準 ………………………………… 145
- オペレーティング・リース取引の会計処理 ………… 147
- ファイナンス・リース取引の判定基準 ……………… 147
- ファイナンス・リース取引の会計処理 ……………… 149

CHAPTER 14　繰延資産の考え方と会計処理 …………………… 154

- 繰延資産計上の論理 …………………………………… 155
- 連続意見書の見解 ……………………………………… 156
- 会計の論理 ……………………………………………… 158
- 繰延資産の範囲とグループ …………………………… 159
- 創業と開業に要する費用 ……………………………… 159
- 資金調達に要する費用 ………………………………… 162
- 事業の拡充・新製品開発等に要する費用 …………… 165

CHAPTER 15　引当金会計の考え方 …… 168

- 会計上の引当金設定条件 ……………………………… 169
- 会計上の引当金を設定する目的 ……………………… 172
- 評価性引当金と負債性引当金 ………………………… 173

CHAPTER 16　引当金各論 …………… 181
- 企業会計原則注解・注18の矛盾 ……………………… 182

CHAPTER 17　資産除去債務 ………… 197
- 資産除去債務のパラドックス ………………………… 198
- 債務を資産に計上する不思議 ………………………… 200
- 資産除去債務の会計処理 ……………………………… 202

CHAPTER 18　会社法における資本金・準備金・剰余金 ………… 204
- 株式会社の資本制度 …………………………………… 205
- 会社法における資本金と準備金の額 ………………… 206
- 資本金等の計数の変動 ………………………………… 208
- 剰余金の配当 …………………………………………… 210
- 会社法における剰余金の払い戻し …………………… 211

CHAPTER 19　損益計算 ……………… 213
- 3種類の損益計算 ……………………………………… 214
- 全体損益計算 …………………………………………… 214
- 一致の原則 ……………………………………………… 216
- 口別損益計算 …………………………………………… 217
- 期間損益計算 …………………………………………… 218

CHAPTER 20　収益の発生と実現 ······· 221

- 累積する収益 ·· 222
- 発生主義会計 ·· 223
- 収益の実現 ··· 226
- 収益の対価 ··· 228

CHAPTER 21　期間損益計算の原則
·········· 231

- 口別損益計算と期間損益計算 ······························ 232
- 「認識」と「測定」 ·· 234
- 測定における収支原則 ······································ 236
- 期間損益計算の原則 ·· 237

CHAPTER 22　特殊商品売買の会計処理
·········· 243

- 販売基準 ·· 244
- 委託販売の収益計上基準 ··································· 248
- 予約販売の収益計上基準 ··································· 251
- 試用販売の収益計上基準 ··································· 253
- 割賦販売の収益計上基準 ··································· 254

CHAPTER 23　工事契約の収益計上 ・・・・・・・・・・ 257

- 受注生産（工事契約）と見込み生産 ・・・・・・・・・・・・・・・・・ 258
- 企業会計原則における「長期請負工事」の会計処理 ・・・ 259
- 新しい基準の公表 ・・・・・・・・・・・・・・・・・・・・・・・・・・・・・・・ 263
- 工事進行基準の会計処理 ・・・・・・・・・・・・・・・・・・・・・・・・・ 265
- 工事完成基準の会計処理 ・・・・・・・・・・・・・・・・・・・・・・・・・ 268

CHAPTER 24　特別損益 ・・・・・・・・・・・・・・・ 269

- 特別損益の性格と種類 ・・・・・・・・・・・・・・・・・・・・・・・・・・・ 270
- 例外的な取扱い ・・・・・・・・・・・・・・・・・・・・・・・・・・・・・・・・ 273
- 災害損失 ・・・・・・・・・・・・・・・・・・・・・・・・・・・・・・・・・・・・・ 274

CHAPTER 25　減損損失の測定 ・・・・・・・・・ 275

- 減損処理の基本的な考え方 ・・・・・・・・・・・・・・・・・・・・・・・ 276
- 減損の兆候があるかどうかを調べる ・・・・・・・・・・・・・・・ 279
- 減損損失を計上するかどうかを判定する（減損損失の認識）・・・・・・・・・・・・・・・・・・・・・・・・・・・・・・・・・・・・・・・ 280
- 割引前キャッシュ・フローを使うのは，なぜか ・・・・・・ 281
- 減損損失の金額を測定する（減損損失の測定）・・・・・・ 284

CHAPTER 26　損益計算書の構造と作り方ー当期業績主義と包括主義 …………………… **285**

- 勘定式と報告式 ……………………………………… 286
- 損益計算書の役割 …………………………………… 290
- 当期業績主義の考え方 ……………………………… 291
- 当期業績主義の欠点 ………………………………… 292
- 当期業績主義の悪用 ………………………………… 293
- 包括主義の考え方 …………………………………… 294
- 現在の損益計算書 …………………………………… 295
- 損益の種類と区分 …………………………………… 296
- 売上総利益と営業損益 ……………………………… 299
- 営業外損益 …………………………………………… 302
- 特別損益 ……………………………………………… 303
- 損益計算書を読むコツ――活動量を示した損益計算書 …………………………………………………… 304
- 成果を計算する損益計算書 ………………………… 305

CHAPTER 27 　貸借対照表の構造と作り方
########## **307**

- 貸借対照表の役割 ………………………………… 308
- 残高表としての貸借対照表 ……………………… 309
- 貸借対照表の配列法 ……………………………… 311
- 貸借対照表の構造 ………………………………… 313

索　　引 ……………………………………………… 315

財務諸表論の考え方・学び方

「財務諸表論」「財務会計論」を暗記科目だと考えている人はいませんか。

「財務諸表論」「財務会計論」は，知っていることをたくさん書けば点になるものだと思っている人はいませんか。

「財務諸表論」は，おもしろくない科目だと思っている人はいませんか。

財務諸表論は，勉強の仕方を間違えると，とんでもなくつまらない，いくら勉強しても成果の上がらない科目になってしまいます。

財務諸表論を楽しく，効果的に学ぶには，「会計学」と「会社法」がどういう考え方をするものなのかを知る必要があります。本書では，会計学の考え方や会社法の考え方が自然と身につくように配慮しました。

不思議なことに，税理士の試験には，「会社法」という科目がありません。税理士の試験を受ける人は，会社法の会計規定について，財務諸表論の中で学ぶしかないのです。そこで本書では，できるだけ「会社法とはどういう考え方をするものなのか」についても述べています。

財務諸表論は，ポイントを押さえて学習すれば，短時間に，しかも，楽しみながらマスターできます。

財務諸表論は範囲が限られている

　財務諸表論は，勉強する範囲が限られています。その範囲の中でも，**理論を理解しておくべきところ**（例えば，減価償却や実現），**違いや関係を理解しておくべきところ**（例えば，引当金と積立金の相違），**ルール・規則を整理しておくべきところ**（資産の分類や評価）などが試験によく出題されます。

　財務諸表は，活きた社会・活動する経済を映し出す鏡です。法や会計基準だけを覚えても，会計学や財務諸表論は使えません。会計学や財務諸表論をただしく理解し，これを活用するには，会計の背後にある経済社会がどういう活動をしているのか，それをいかに財務諸表に反映させるか，どうすれば企業の経済活動をありのままの姿で，また，誤解を招かないように財務諸表に表現できるか，こうしたことを考える必要があるのです。

会計と会社法の考え方

　本書は，こうした**会計・会社法の考え方や財務諸表論の理論**を，できるだけ，わかりやすい表現で書いたものです。

　以下，財務諸表論のポイントを，1つずつ取り上げて，**議論の背景や論点を整理**し，また，学習に当たって注意すべきことなどを紹介したいと思います。

　本書では，そうした目的から，**財務諸表論の重要箇所**しか取り扱っていません。また，法律や会計基準に書いてある細かなことについても取り扱っていません。財務諸表論の全体や規則の詳細を学びたい人には，拙著『新財務諸表論（第4版）』（税務経理協会刊，836頁）を読むことをお勧めします。

本書を読むと気づくと思いますが　財務諸表論というのは「暗記科目」でもなければ「無味乾燥な科目」でもありません。実は，**活きた経済社会，現実の経済活動と密接に結びついた有用な知識であり技法**なのです。

会計観と会計知識に幅を
　読み終わったときには，きっと，皆さんの「会計」とか「財務諸表論」に対する考えが変わっていると思います。皆さんの「**会計観**」とか「**会計知識**」に，きっと，ゆとりとか幅がついていることと思います。

　財務諸表論の全体を知ってから本書を読むのもいいのですが，本書を先に読んで，**会計の考え方やポイントを押さえてから全体を学ぶ**のもいいと思います。その方が，時間と労力の節約になることは間違いありません。

「知識の量」から「知識の質」へ
　ところで，最近の国家試験には，これまでとはっきり違った出題傾向が見られます。それは，受験者の**知識の量**を問うというよりも，**論理的な思考ができるかどうかを問う問題**や**批判力があるかどうかを問う問題**が増えてきたことです。

　ごく最近の試験でも，「当期業績主義の是非」を問う問題や，「社債発行差金の処理方法を2つ示して，それぞれの処理の根拠」を論じさせる問題，「ある引当金（繰入額）が当期費用性をもつか否か」を判断させる問題など，受験者の**論理力や分析力を試す問題**が出題されています。

　単に会計規則やテキストを暗記しただけでは，答えを書けなくなってきました。通説を暗記しただけでは，手も足もでないでしょう。いまや，「**知識の質**」が問われるようになってきたのです。

こうした傾向は，今後，ますます強くなると思います。ですから，普段の学習において，「**論理的に考える**」，「**話に筋道をつける**」，「**通論・通説を鵜呑みにせず，批判的な目を持つ**」ことが大事です。

通説だけでは対応できない

こうした時代の流れを受けて，本書では，できるだけ通説を紹介しながらも，通説では説明しきれない問題などを詳しく検討しています。そのぶん，普通の財務諸表論のテキストとは違ったことが書いてあるかもしれません。しかし，最近の出題傾向を考えますと，本書で紹介しますような，「**会計の考え方**」「**会社法の考え方**」，さらには，そうした考え方への**批判**，などを知っておくことは重要だと思います。

CHAPTER 1

会計は何をするものなのか
―フローの計算か，ストックの計算か

♣ GUIDANCE

　会計は，いろいろな仕事ができます。

　財産の計算も，利益の計算も，収益性や生産性の計算も，予算の作成も，原価の計算も，投資家に必要な情報を提供することもできますし，悪用しようと思えば，他人を騙してお金を集めたり，税金をごまかす手段としても使えます。

　しかし，会計の，本当の仕事は，他人を騙したり脱税の手助けをしたりすることではありません。

　CHAPTER1では，皆さんにとってもっとも根本的な，「会計とは何か」を考えたいと思います。

会計とは何をするものなのか

財務諸表論の本でも、会計学の本でも、最初に「会計とは何か」が書いてあります。

広く会計を捉えますと、

> 「会計とは、経済主体が営む経済活動とその結果を、複式簿記のシステムを使って貨幣額で測定し、これを伝達することをいう。」

とでもいえるかと思います。ここらあたりの話は、あまり試験にも出ませんし、会計学者の間にもきわだった異論はないようです。

ところが、この定義の中にある「経済活動とその結果」とは何なのか、あるいは、経済活動とその結果として「何を測定し、誰に伝達するのか」ということになりますと、意見が分かれるのです。

▶ 財産の計算か利益の計算か

ある人は、「会計とは財産の変動とその現状を明らかにするシステム」であるといいます。また、ある人は、「会計は利益を計算するシステム」であるというのです。

会計をもって財産の変動とその現状を明らかにする技術であると考える人たちは、比較的素朴な会計観を持っている人たちが多く、会計をもってストック（財産の有り高）を計算するシステムと考えているようです。

会計をもって**利益を計算するシステム**であると考えている人たちは，かなり会計に関する知識のある人たちが多く，**会計をもってフロー（財産が変化する量）の計算システム**と考えているのです。

▶ 財産計算説

会計が財産を計算するものだと考える人は少なくありません。**利益を計算するもの**だと考える人は，それなりの知識がある人たちです。しかし，そうはいっても，実は，会計の専門家でも，意見が分かれるのです。みなさんが使っているテキストや専門学校の本には何と書いてありますか。

例えば，わが国の代表的な会計学辞典をひもといてみましょう。中央経済社から刊行されている『会計学大辞典（第4版）』では，**会計（企業会計）とは**，

> 「（財産の）増減の事実と増減の原因を継続的に記録し，一定の期間ごとに，財産がどれだけ増減し，どれだけの財産が存在しているかを明らかにする行為」

であるといっています。ここでは，会計は，**財産を計算するシステム**と考えられているのです。この一文を執筆したのは，日本会計研究学会の会長をつとめたこともある，故・森田哲彌教授です。

▶ 利益計算説

他方，同文舘から刊行されている『会計学辞典（第5版）』では，

> 「企業会計の直接的課題は，企業活動の結果として獲得される利益の算定にある」

と，説明しています。この一文は，神戸会計学派の礎を築いた一人とされる故・山下勝治教授が書いたものです。

これだけ違った説明が，現在の会計学で，2つとも，堂々と通用しているのです。

それには，2つの事情があります。1つは，会計の歴史をみると，会計はこの2つの役割を曲がりなりにも満たしてきたという一面があるからです。つまり，会計は，ある時代には**財産計算**を役割としていましたし，また別の時代には**損益の計算**を仕事としてきたのです。

もう1つの事情は，最近の会計が，次第に**財産計算的色彩**を帯びてきたことにあります。以下，この2つの事情を説明しましょう。

静態論から動態論へ

会計には，簿記とか原価計算が暗示するように，技術的側面があり，実際にもいろいろな使い方ができます。会計は，**利益の計算**にも使えますし，**税金の計算**にも使えます。**企業をコントロールする手段（管理会計）**ともなれば，**経営方針の決定**にも役に立つのです。さらには，投資先を選定し

たり，わが身を診断する道具（**経営分析**）としても使えます。

▶ 財産目録的な貸借対照表

会計は，歴史的にみると，**財産を計算する手段**として利用されていた時期がありました。1920年代までのアメリカでは，企業が銀行から資金を借りようとすれば，**財産目録的な貸借対照表**を提出するように求められたといいます。

財産目録というのは，企業の財産，つまり資産と負債を一覧表示する書類で，本来は帳簿を離れて実際に調査，鑑定，評価して作成します。「**財産目録的な貸借対照表**」というのは，簿記の記録から離れて，棚卸した財産を時価で評価して作成した貸借対照表のことです。

この時代には，会計は，財産の計算を役割としていたのです。この時代の貸借対照表は，ある特定の日の財産を計算するのですから，「**スチール写真のように静止した状態の企業財産**」を示すわけです。主たる財務諸表が企業の財産の「静止した状態」を示すことから，この時代の会計観を「**静態論**」とか，「**静的観**」というのです。

▶ 静態論の欠陥

ところが，この静態論には，会計学にとって，重大な欠陥が2つあるのです。1つは，**静態的貸借対照表**（財産目録的貸借対照表）を作成するには，会計の専門的知識も複式簿記による継続的な記録もいらない，ということです。**会計学がいらない**のです。

期首と期末に財産を棚卸しすれば，貸借対照表を作成することができるのです。「門前の小僧」ではないですが，しろうとでも財産計算ができます。在庫の数を数えるだけのことですから，これは「学問」とは呼べませ

9

ん。「**会計学**」と「**静態論**」とは，両立しないのです。

　もう1つの欠陥は，静態論にとってかなり致命的です。それは，**静態的貸借対照表からは企業の収益力が読めない**，ということです。アメリカの経済は，1930年代以降，急速に**証券の民主化**（数多くの国民が有価証券に投資するようになること）が進み，会計に，こうした一般投資家に企業の収益力情報を知らせる役割が課されるようになってきました。

▶ 動 態 論

　企業の収益力は，損益計算書によって表示されます。損益計算書は，期首から期末までの期間の，収益の流れと費用の流れを比較表示して，その期間の成果（**収益力**）を示すものです。

　期中における活動量（フロー）を示すところから，損益計算書を重視した会計を，そのダイナミズムを含意して「**動態論**」と力，「**動的観**」と呼んでいます。

　今日の会計は，**動態論**に立脚しています。そうした証拠は，例えば，損益計算の側では，**資産の評価益を計上しない**こと，収益・費用の計上に**実現主義・発生主義を適用**していること，貸借対照表の側では，繰延資産や「のれん」を計上すること，**資産を原価で評価する**こと，固定資産を定額法等の方法で**減価償却**したり，棚卸資産の原価を先入先出法などの方法で**期間配分**したりしていること，など，枚挙にいとまがありません。

　動態論では，投下資本をどのように回収して，回収余剰として，どれだけの利益を獲得したかを重視するものです。そこでの重要課題は，投資した資金（原価）をどのように期間配分して，その期の収益から回収するかということです。

会計の静態化

　専門的な論文を読みますと、最近のアメリカ会計が「静態化」してきたということが書かれています。ここで「静態化」とは、会計の中心が、損益計算書から貸借対照表へ、会計の課題が利益の算定から財産の表示へと、移行してきたことをいっています。

　なぜ、アメリカの会計が静態化してきたのでしょうか。

　その理由は、1つには、アメリカの企業が、四半期（3か月）ごとの短期的目標によって経営され、成果も四半期ごとに計算・報告されることにあります。こうして作成される短期間の財務諸表を、**四半期報告書**と呼んでいます。

　経営も会計報告も四半期（3か月ごと）で行われるために、投資の意思決定も、3か月後、半年後に企業がどうなっているかを重視しており、会計の役割も、次第に四半期後、半年後の企業を評価できるような情報を提供することに高い比重がおかれるようになってきました。

　これまでの**期間損益計算を重視した会計**は、中・長期的な企業評価には役に立ったのですが、短期の評価には向かないと考えられるようになってきたのです。

　アメリカ会計が静態化してきたのには、政治的な理由もあります。残念ながら、ここでは述べるだけの余裕がありません（そうしたことに関心があれば、小著『原点復帰の会計学－通説を読み直す』や『会計学の座標軸』いずれも税務経理協会刊、をお読みください）。

静態化した結果，アメリカの会計がどうなってきたかを説明しましょう。

▶ **静態論の復活**

会計が静態化するということは，**貸借対照表が復権**するということであり，損益計算書の役割よりも，**財産計算が重視**されるということです。

現在の貸借対照表を考えてみましょう。資産は，**取得原価主義**が採られていることから，貸借対照表の金額が現在の価値を示すとは限りません。有価証券のように時価の変動が激しい資産の場合や土地のように保有が長期に及ぶ資産は，貸借対照表の金額は時価から大きく離れるのがふつうです。

原価・時価・簿価

原価＝資産を取得（購入または製作・製造）したときに支払った金額。**取得原価**ともいいます。

時価＝資産を売却したときに受け取る金額（**売却時価**），または同じ資産を買い直すとすれば支払うことになる金額（**再調達原価**，**取替原価**）をいいます。

簿価＝帳簿や貸借対照表に記載された金額。**帳簿価額**ともいいます。

▶ **含み益・含み損**

その結果，時価が上昇すれば，保有する資産に「**含み益**」が発生し，時価が下落すれば「**含み損**」が発生します。

「含み益」というのは，「**含み資産**」とも呼ばれ，資産を取得してから現在までに値が上がっているときの「**貸借対照表に現れない価値**」をいいま

す。この資産を売却すれば，この含み益も実現しますが，確実に売れるという保証はありません。通常は未実現の利益だということから損益計算書には計上しません。ただ，最近になって，**金融商品の含み益**については利益として計上するようになってきています。

「含み損」はこの逆です。資産の時価が下落して，その資産を取得したときの原価よりも低くなったとき，この資産を売却しても取得原価を回収することができません。原価主義を採用していますと，こうしたときにも貸借対照表には原価で記載します。こうした**潜在的な損失**を「**含み損**」と呼んでいます。

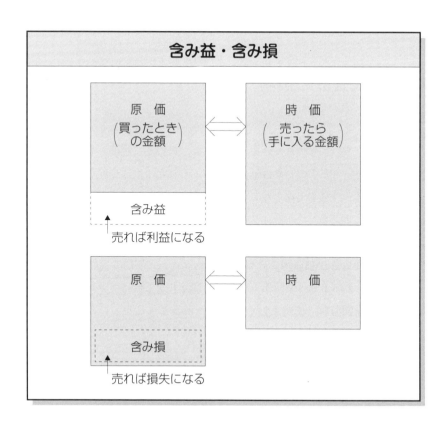

含み損や含み益は，企業が資産を売却すれば実現するので，いつでも都合のいいときに損益計算書に計上できるということから，**利益操作の道具**として使われてきました。**動態論をベースとする原価主義**は，含み益あり，含み損ありで，利益操作の宝庫(ほうこ)と見られてきたのです。

　こうした利益操作を排除するために，有価証券などの市場性のある資産については，すでに述べましたように，時価で貸借対照表に掲記(けいき)するのがよいとされたのです。これを**時価主義**といいます。

　会計の静態化は，こうして有価証券から始まり，金融商品全体へ，さらに土地などの不動産へと拡大する傾向にあります。

■ 現代会計の役割

　現在の貸借対照表を見てみますと，資産として計上されていながら，売却できないものも含まれています。例えば，**のれん**（**暖簾**とも書きます。**営業権**ともいいます）とか**繰延資産**(くりのべ)です。のれんや繰延資産が計上できるというのは，動態論が採られているという，何よりの証拠なのです。

　減価償却も棚卸資産の原価配分も，ほとんどの資産が原価評価されることも，**現代会計が動態論に立っている**からです。今日の会計に静態化のきざしがみえるとはいえ，あくまでも，部分的なものにすぎないのです。「会計の役割」は，依然として，「利益を計算すること」にあるといってよいでしょう。

会計の情報提供機能

　会計の役割といいますと，利益（とくに，**期間利益**と**配当可能利益**）の計算とともに，投資家が投資意思決定するときの情報（**投資意思決定情報**）を提供することを挙げる学者が多いようです。

　しかし，投資意思決定に必要な情報といったら，無限にあります。どんな情報だって，投資家の意思決定にまったく役に立たないとはいえないからです。

　投資意思決定を標榜しますと，市場価値情報でも，即時売却価額でも，1年後の予想売価でも10年後の予想売価でも，負債の即時清算価額でも，将来の投資計画・人事計画・給与体系・従業員の質・クレーム情報・ブランド力・知名度・立地条件・製品のラインアップ，どんな情報でも必要だという結論になります。どのような情報でも**投資意思決定に役に立つということを立証するのは簡単**ですが，**役に立たないという立証はできない**のです。

　会計情報は，投資意思決定に役に立つことはよくわかりますが，これを目的として会計の理論を形成しようとしたり，会計情報を開発・作成しようとしたりすることは，**会計のアイデンティティー**（会計が会計であるための独自性）を失うことになり，会計学の自殺行為に近いといえます。詳しいことは『会計学はどこで道を間違えたのか』（税務経理協会）という本の中で書きました。関心がありましたら，読んでみてください。

CHAPTER 2
会計と法規制

♣ GUIDANCE

　わが国の会計は，会社法，金融商品取引法，税法という3つの法律によって規制されています。この3つの法律は，それぞれ目的が違うのですが，それぞれの目的を達成するために企業の会計に独自の規制を加えています。

　会社法は，「債権者保護」という観点から「配当可能利益」を計算することを目的とし，金融商品取引法は，「投資家保護」という観点から「会計情報の適時・完全公開」を目的として，さらに税法は，「適正な課税所得の計算」を目的としています。

私的自治と会計

　最初に，**私的自治**(してきじち)の話をします。会計を学ぶ者にとっては，この言葉はなじみが薄いようですが，実は，**会計とは何か**を考える上で，この上もなく重要な概念なのです。

　親しい仲間が10人ほどお金を出し合って，事業を始めることにしたとしましょう。地方の名産品を現金で仕入れ，それを販売することにしたとします。お金に余裕のある人は2,000万円とか3,000万円ほどを出し，あまり余裕のない人は100万円とか200万円を出資したとします。事業の資金は10名が出資したお金だけにとどめ，銀行などからは借りないことにしました。

　こうした小規模の事業の場合，**利益をどうやって計算するか**，**儲**(もう)**けをどういうふうに配分するか**，皆で出し合った**資本の払い戻しを認める**かどうか，などといったことは，10名の仲間で相談して自由に決めればよいのです。

　儲(もう)けだけを分配することにしてもいいですし，出資した資金の一部を配当として分配（これを「**たこ配当**」といいます）してもいいのです。儲けが出たら，これを10人で**均等**(きんとう)に分配しても，出資の額に応じて比例分配してもかまいません。年輩者には多く，年少者には少なく分配してもよいし，その逆でもいいのです。

▶ 私的自治

　要するに，個人が集まって何かを行うとき，原則として，その個人個人の意思のままに行動したり，決定したりすることが許されるのです。たこ配当を認めようが，利益をどう計算しようが，出資した自分たちが決めれ

ばよいのです。これを「私的自治」といいます。

　私的自治とは、手元の『広辞苑（第6版）』によりますと、「個人の私法関係を各人の意思のままに規律すること。近代私法の基本原理」とあります。事業の会計は、本来、こうした私的自治の世界なのです。

▶ **会計規制の強化**
　ところが、わが国に限らず、どこの国でも、歴史的に見て、会計の規制は強化されるばかりです。最近、英米やわが国では、規制緩和が叫ばれ、多くの規制が緩和されたり廃止されたりしていますが、会計だけは逆に、規制が強化されています。連結財務諸表原則の強化、時価評価基準の設定、退職給付基準の強化などがその例です。

　なぜ、私的自治のはずの会計が規制を受けるのか、また、なぜ、規制緩和の時代に、会計の規制が強化されるのか、さらに、なぜ、いくつもの法が会計を規制しているのか、本書では、詳しいことは書けませんので、本書を読み終わってから、拙著『新財務諸表論（第4版）』（税務経理協会）のChapter 3を読んで下さい。

会社法会計の目的——なぜ、債権者を保護するのか

　わが国には、個人と法人を合わせて、事業を行う主体が580万事業所あります。そのうち法人（会社）が280万社ほどあります（総務省統計局および財務省法人企業統計による）。

　そのうち、証券取引所に上場している大企業は、3,553社（2014年6月現在。マザーズ、ジャスダック等を含む）です。会社組織ではない企業も

たくさんあります。生活協同組合（生協）や農業共同組合（農協）のような組合組織，個人が営む事業もあります。

　いかなる**企業形態**をとっても，資金を使って事業を営む以上は，**資金の運用状況**や**資金の運用効率**を知る必要があります。会計の用語を使っていいますと，**経営成績**と**財政状態**です。「**財政**」という表現は，国家の資金のようなひびきがありますので，企業の場合は，「**財務状態**」といったほうが適切でしょう。

　個人で事業を営んでいる場合や，自分が会社の経営者である場合は，会計情報を入手するのにさしたる問題はありません。**内部統制組織**を確立して，下部組織から必要な情報を適時に入手するように工夫すればよいのです。

　ところが，自分が大きな会社の株主や債権者であったり，これから会社の株式や社債を買おうとしている場合には，会社の情報を手に入れる道は，かなり狭いのです。

▶ **不在株主**
　株式会社の場合，一般の投資大衆から小口の資金を集めて大口の資本とし，大規模な事業を展開することが可能です。そうした会社の場合には，**経営に直接に関与しない株主**（これを**不在株主**といいます）がたくさんいます。この人たちは，自分が出資した資金がどのように運用され，どのような成果があがり，その結果，どれだけの配当に与りうるかを知る権利があります。

　そうした情報が公開されることを前提として，投資活動が行われているといったほうがいいのかもしれません。

多数の，経営に直接タッチしない投資家から資金を集め，それを元手として事業を行う経営者の立場からは，預託された資金を，どのように活用し，それからどれだけの成果を上げたかを，**資金提供者に継続的に報告する義務**があります。

▶ 会計報告とディスクロージャー

こうして**資金の提供者に対して直接的に会計情報の伝達を行うこと**を「**会計報告**」といいます。また，将来，新株や社債を発行して新たな資金を集めるときのために，**潜在的な資金提供者（将来の投資家）**に対しても，企業の活動状況を知らせておく必要があります。こうした，資金の提供者**（現在および将来の投資家）**と資金運用を受託する経営者との間で行われる情報の一般的な公開を，**企業内容の開示**とか，**ディスクロージャー**といいます。ディスクロージャーについては，後で詳しく述べることにします。

株式会社の所有者（出資者）は株主です。ただし，株式会社には，貸付金の形で資金を提供したり，売掛金などの債権を持ったりする人もいます。こうした立場の人たちを**債権者**といいます。また，株主や債権者をまとめて，**利害関係者**ということもあります。

▶ 債権者保護

会社法には，かなり詳しい会計規定が盛り込まれています。会社法に盛り込まれている会計規制は，「**債権者保護**」を目的としているといわれています。会社法は，誰から，何の目的で債権者を保護しようとするのでしょうか。

株式会社の場合，**株主総会**を最高位の意思決定機関としており，債権者が意思決定に参加することはありません。したがって，場合によっては，株主総会が，債権者にとって不都合な決定をすることも考えられます。

例えば、儲けてもいないのに利益を計上（**架空利益の計上**）して配当したり、繰延資産を無条件に計上（**資産の水増し・費用の非計上**）したり、固定資産の減価償却をしなかったり（これも資産の水増し・費用の非計上になる）すれば、会社の資産が貸借対照表に記載される金額より少なくなります。これでは債権者は、貸借対照表を信用して資金を貸すことはできませんし、あるいは、貸したお金の**担保（返済財源）**が貸借対照表に記載されている資産よりも少なくなってしまうでしょう。

その会社には10億円の純資産があるから安心だと考えて資金を貸したところ、株主が勝手に資産を水増ししたり費用を計上しなかったりすれば、債権者の債権に対する担保（会社が負債を支払う財源）が減少してしまうのです。

そこで会社法では、株主の自分勝手な意思決定から**債権者の利益（債権）**を守るために規制を設けるのです。**資産や負債の評価をどのような方法で行うかとか、規則的に減価償却をすること**、などを規定しているのです。

会社法の会計規定は、**債権者（の権利）保護を基本的な目的**としているといわれています。しかし、その規定を細かく見てみますと、会社の健全経営とか、永続的経営、すなわち、**会社が財務（資金繰りや財産保全）と経理（損益計算）の両面で健全性を維持することを求める規定**も少なくありません。そういう面を考えますと、今日の会社法は、債権者保護にとどまらず、会社に対して健全な経営と経理を求めることを目的としているといえるようです。

会社法のディスクロージャー規定

株式会社の場合,その規模の大小に関係なく,**会社法の開示規定**が適用されます。例えば,株式会社は,決算期ごとの**計算書類**(財務諸表とほぼ同じ)を,本店に5年間,支店に3年間備え置いて,**株主および債権者の閲覧**に供さなければなりません(会社法442条1-3)。

会社法によるディスクロージャー

すべての株式会社
- 計算書類等を本支店に備え置く
  ⇒株主・債権者の閲覧に供す(会社法442条1,2,3)
- 貸借対照表またはその要旨を「公告」
  (または「電子公告」)(会社法440条1,2)

電子公告による場合は省略せずに公告し,
官報または日刊新聞紙において公告する場合は要旨でよい。

大会社
── (上記に加え)損益計算書またはその要旨も「公告」
(会社法440条1,2)

「有価証券報告書」を提出する会社は,インターネットで公開されるので,P/LとB/Sの公告は免除される。

また,定時株主総会の招集通知には計算書類と監査報告書を添付しなければなりません(会社法437条)。さらに,発行済株式の100分の3以上を所有する株主には,**会社の帳簿および書類を閲覧する権利**が与えられています(会社法433条1)。

これらの開示制度は，株主，債権者（例えば，その会社の社債を購入した人，銀行・保険会社などの貸付金がある者，売掛金や受取手形をもっている取引先など）を対象としたものです。会社法では，株主でも債権者でもない人たちにまでは，計算書類を閲覧する権利を与えてはいません。

　すでに会社との間に利害関係が生じている人たちには，こうした**会計情報を受け取る権利**があるのですが，これからこの会社と取引を始めようとしたり，この会社の株式や社債を買おうとしたりする人たちは，その会社の会計情報を入手する道はかなり狭いのです。

▶ 決算公告

　そこで，会社法では，会社に対して，**貸借対照表またはその要旨を「公告」**（「広告」ではありません）することを要求しています（会社法440条1，2）。**大規模会社の場合は，損益計算書またはその要旨も公告**しなければなりません（次頁に決算公告の例を掲げておきます）。ただし，この後で紹介する「金融商品取引法」の規定による「**有価証券報告書**」を提出している会社は，「公告」は免除されます。「有価証券報告書」には公告よりもはるかに詳しい会計情報が記載されており，またインターネットで「EDINET」と入力すれば金融庁のホームページに入っていって，誰でもこの情報を入手できるからです。

　これまでは，新聞や官報を使った「紙の上の公告」が主でしたが，最近では，電磁的な方法（インターネットのホームページでの公開など）によることも認められています。これによって，多数の株式会社がインターネットを使って「決算公告」することが期待されています。ただし，わが国の株式会社の99％は中小会社ですから，ホームページを開いているのはまだ少数です。この制度が定着し，どこの会社の決算公告も手軽に見ることができるようになるには，まだまだ時間が必要のようです。

第68期決算公告

平成26年3月20日

東京都渋谷区恵比寿南二丁目4番1号
カルピス株式会社
取締役社長　山田　藤男

貸借対照表の要旨
（平成25年12月31日現在）

（単位：百万円）

科目	金額	科目	金額
流動資産	27,330	流動負債	20,800
固定資産	31,826	（うち賞与引当金）	(573)
有形固定資産	24,118	（うち役員賞与引当金）	(37)
無形固定資産	391	固定負債	2,888
投資その他の資産	7,316	（うち退職給付引当金）	(659)
		負債合計	23,688
		株主資本	34,219
		資本金	13,056
		資本剰余金	9,897
		資本準備金	9,897
		利益剰余金	14,764
		利益準備金	1,357
		その他利益剰余金	13,407
		自己株式	△3,499
		評価・換算差額等	1,249
		その他有価証券評価差額金	1,249
		純資産合計	35,468
資産合計	59,157	負債・純資産合計	59,157

損益計算書の要旨
自　平成25年 1月 1日
至　平成25年12月31日

（単位：百万円）

科目	金額	科目	金額
売上高	100,134	経常利益	5,154
売上原価	51,193	特別利益	1,082
売上総利益	48,941	特別損失	2,192
販売費及び一般管理費	44,102	税引前当期純利益	4,044
営業利益	4,838	法人税、住民税及び事業税	625
営業外収益	353	法人税等調整額	322
営業外費用	37	当期純利益	3,096

金融商品取引法会計の目的
——なぜ，投資者を保護するのか

　金融商品取引法（金商法）は，証券市場の健全な育成・運営と投資意思決定に必要な情報が提供されるために必要な制度を定めたものです。

　会社法が「債権者保護」を目的としているのに対して，**金融商品取引法は，より広く，「投資者保護」を目的**としています。会社法には債権者保護という目的は明示されていませんが，コモン・ロー系の金融商品取引法には，その第1条に「この法律は，国民経済の適切な運営及び投資者の保護に資するため……」と，その目的が明示されています。

　金融商品取引法の会計規定が適用されるのは，証券取引所に上場している会社など，ほぼ大規模会社です。

　大規模会社の場合，巨額の資金を必要とすることから，株式（株券，すなわち，会社の所有権を示す有価証券）を多数の一般投資者に販売して資金を集めます。

　こうして株主となった者は，多くの場合，全国・全世界に散らばっていたり，一人あたりの投資の額が小さかったり，経営そのものには関心がない人たちです。彼らは，通常，会社の経営には参加せず，**株主としての権利と利益**（議決権とか**利益配当請求権**）だけを求めるのです。こうした経営にタッチしない株主を「**不在株主**」といいます。

ところで，今，皆さんに余裕資金があって，どこかの会社に投資（株式を購入）したいと考えているとしましょう。どのような情報があれば，投資先を選定できるでしょうか。株式投資には，会計情報に限ってみましても，その会社の**収益性・安全性・生産性・将来性**など，多面的な情報を必要とします。そうした情報が提供されない限り，投資者は安心して投資先を決められないのです。

最近のように企業活動における規制を緩和しますと，企業活動に関する情報の公開を強化しなければ，投資者は適切な意思決定ができなくなります。規制緩和の時代に，会計規制が強化されるのは，このためです。

金融商品取引法のディスクロージャー規定

この法律は，会社に対して，投資者の意思決定に必要な情報を十分に提供させることを目的としているために，「**開示法（ディスクロージャー法）**」として定められています。

すなわち，本法では**会計に関する実質的な規定**（例えば，利益計算，資産評価，原価配分などの規定）はおかず，**会計情報の公開の仕方**（主に，**財務諸表のひな形**）に関する規定をおくにとどめているのです。具体的な規定は，金融商品取引法ではなく，その細則に当たる「**財務諸表等規則（財規）**」に定められています。

会社法にも，株式会社の**財務諸表**（商法では**計算書類**という）については，その公開の仕方を定めた細則（法務省令）があります。「**会社法施行規則**」といいます。「**財規**」と「**会社法施行規則**」では，かなり規定の内容が異なります。それはなぜでしょうか。

▶ 財規と会社法施行規則

　会社法施行規則は，ソニーやトヨタなどの世界に知られた巨大会社をはじめ，街角の電気屋さん，町はずれの鋳物工場など，株主は少人数であっても，**株式会社の形態をとる企業すべてに適用**されます。そのために，中小規模の会社でも財務諸表を作ることができるように，またそうした会社の株主が財務諸表を理解できるように，比較的簡素な規定にとどめているといわれています。株主に会計の知識があまりなくても，会社のことがある程度わかるように配慮してあるのです。

　それに対して，**財規**は，**証券取引所に上場**しているような大規模会社だけを対象としています。そうした会社には極めて多数の投資者（現在の株

金融商品取引法によるディスクロージャー

上場会社等
総額1億円以上の有価証券を募集または売り出す会社
　→「有価証券報告書」「四半期報告書」を作成
　→ 内閣総理大臣／証券取引所 へ提出 ⇒ 一般公開

「募集」とは新規に発行する場合で，「売り出す」とは，既発行の有価証券を売ること

　「有価証券報告書」は，自社の株式や社債を証券取引所に上場している場合に，事業年度ごとに，会社とその企業集団に関する経理の状況などを総理大臣に提出（その後，一般に公開）する書類である。会社とその企業集団の財務諸表その他，事業の内容に関する重要な事項が記載される。

主だけではなく，これからこの会社の株を買おうかと考えている**潜在的な投資者**もいます）が，全国・全世界に散在しています。投資額も巨額にのぼるでしょう。そのために，財規の規定は，計規よりも，より細かく，また，ある程度の専門知識があることを前提にして財務諸表が作成されるように規定されているのです。

要するに，**会社法施行規則**と**財規**（金融商品取引法）という2つの省令は，それぞれ，**財務諸表を作成する会社の規模**と，**その財務諸表を読む投資者の会計知識**の違いを考慮して，違った規定を設けているのです。

税法会計の目的——法人所得への課税のありかた

会社に対して課せられる税のうち，一番重要なのは，**法人税**です。法人税は，法人（会社）の所得に対して課す税で，その意味から，**法人所得税**です。ここで**所得**というのは，会計でいう利益とほぼ同じ意味と考えてよいでしょう。

法人税に関する規定は，**法人税法**に定められています。ただし，法人税法は，**会社の所得を計算する規定**を設けていません。法人税法は，**課税所得の前提となる企業所得**を，自ら法の中で規定せず，**会社法上の利益**を使っているのです。

▶ 確定決算主義

株式会社の場合には，定例の**株主総会**において**決算書を承認**します。ここで**確定した決算書に書かれている利益額**をもって，法人の**企業所得**とするのです。このことから，法人税法では，**確定決算主義・確定決算基準**が採られているといわれています。

ただし、株主総会で確定した利益額をそのまま課税所得とするのではなく、**税収の確保**とか**課税の公平**、さらには、そのときどきの**産業政策**などの必要から、会計上の利益を一部修正して、これに税を課しているのです。

会計に関する法規制は、3つありました。**会社法**は、債権者を保護し、かつ、企業経営と経理の健全性を図ることを目的としており、**金融商品取引法**は、投資者を保護するために情報の公開を促進することを目的としています。**法人税法**は、税収の確保と課税の公平という観点から、会計利益を一部修正して課税所得を計算します。これらの法律の内容を図示したのが下記の図表です。

3つの法律には、異なる目的があるのです。そのために、会計に関する規定が、法によって少しずつ異なるのです。以下では、できるだけ具体的に、法目的の違いが会計規制に及ぼしている影響についても触れたいと思います。

企業会計を規制する法規

	<法 規>	<規制内容>	<規制目的>	<手 段>	<適用対象>
制度会計 / 会社法会計	会社法…………… 会社法施行規則等………	計算規定 形式規定	債権者保護	分配可能額の計算	全株式会社 (280万社)
制度会計 / 金商法会計	金融商品取引法（同、施行令） 財務諸表等規則（同、ガイドライン）……… 企業会計原則（同、注解）等 企業会計基準	包括規定 形式規定 計算・形式規定	投資者（株主、債権者を含む）保護	適正な業績利益の算定（収益力表示）	金商法適用会社（主に上場会社） (4,000社)
制度会計 / 税務会計	法人税法（同、取扱要領）… 所得税法（同、取扱要領）…	計算規定のみ	課税の公平 税収の確保	課税所得の算定	全納税義務者

CHAPTER 3
トライアングル体制

♣ GUIDANCE

　わが国の会計制度は，会社法，金融商品取引法，法人税法という３つの法律がお互いに補完し合いながら，会計実務を規制しているといわれてきました。これを，三角形の楽器の名前をとって，トライアングル体制と呼ぶこともあります。

　しかし，実際には，３つの法律は相互依存の関係にはなく，形式的には，税法も金融商品取引法も，会社法にぶら下がっているのです。

　さらに実質面を見てみますと，会社法と税法との関係が逆転し，本来は主となるはずの会社法が税法に振り回されているのです。

　ここでは，各法律の目的を明らかにした上で，確定決算主義と呼ばれる制度と税法の逆基準性という現象を紹介します。

トライアングル体制とは何か

　わが国の企業会計は，上に述べたように，**会社法**，**金融商品取引法**，**法人税法**という3つの法律によって規制されています。この会計規制のありさまは，**3つの法律がお互いに依存しあっている**と考えられたことから，これまでカメラの三脚や三本足のいすに喩えられたり，最近では，**トライアングル体制**と呼ばれてきました。

　トライアングルとは，三角形のことで，打楽器にも同じ名前のものがあります。この三者の関係は，しばしば，次のように図示されてきました。

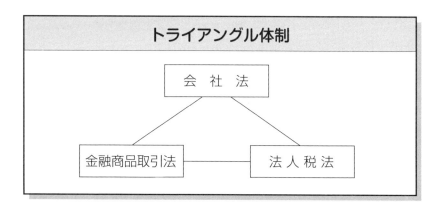

　ここで「**トライアングル体制**」とは，3つの法律の中で規定されている会計ルールが，それぞれ他の法律にも会計ルールが存在することを前提にして作られている状態をいいます。いい換えますと，3つの法律がそれぞれ「**自己完結型**」の法律として作られているのではなく，ルールの一部を他の法律に委任または依存する，いわば，「**相互依存型**」の法律となっているのです。

自己完結型の法律とは，法の目的を達成するのに必要な規制をすべて，その法律の中に網羅しているものをいい，会計の規制であれば，その法律だけで経理・決算ができるものを指しています。

　会社法も，税法も，金融商品取引法も，会計規定は**自己完結型**ではなく，**相互依存型のルール**となっているといわれます。各法とも，単独では経理・決算はできないのです（会社法は，後述するように，若干，他の法律とは事情が異なります）。

　蛇足ながら，**企業会計原則**について述べておきます。企業会計原則は，よいかどうかは別にして，**自己完結型のルールブック**になっています。企業会計原則にそう書いてある訳ではありませんが，**企業会計原則に書いてないときは，何に従うべきかが書いてない**のです。形式上は，企業会計原則だけ読めば，財務諸表を作成できることになっているのです。

　したがって，企業会計原則に書いてないことが生じたときには，具体的な指針がないので，「**企業会計原則の精神に則って**」といった，あいまいなことを根拠に，多様な会計処理が認められてきました。

トライアングル体制の実態

　実は，トライアングル体制といいながら，この3つの法律は，上の図表で示したような相互依存の関係にはなっていません。以下，このことについて述べます。

　金融商品取引法と税法（特に法人税法）の間には，会計に関する限り，**依存関係はない**といえます。税法の規定がなくても金融商品取引法の目的（**投資者保護**）は達せられますし，金融商品取引法の規定がなくても税法の目的（**課税所得の計算**）は達せられるのです。つまり，税法の目的は，会社法と税法があれば達成できるでしょうし，金融商品取引法の目的は，金融商品取引法と会社法があれば達成できるでしょう。

　また，会社法は，その目的を達成するのに，税法の規定が必要であるわけではなく，金融商品取引法の規定が必要ということもありません。**会社法は会社法だけで**（**商慣習法や民法を必要としていることは法が明記しています**）**その目的を達成できる**ように作られています。

　とすると，3つの法律は，相互依存の関係にあるわけでもなく，トライアングルの関係にあるわけでもありません。3つの法律は，それぞれの法の目的を達成するために，次頁の図のような関係にあるといえます。会社法を土台にして，別の法律を上乗せするのですから，「**建て増し型**」とか「**増築型**」構造とでもいったほうが，誤解が少ないかもしれないでしょう。

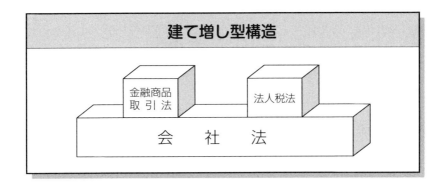

　税法と金融商品取引法は，それぞれ，**会社法の会計規定があることを前提**として作られています。例えば，上で述べましたように，税法は，**課税所得の前提となる企業所得**を，自ら法の中で規定せず，**会社法上の利益**を使っています。

　株式会社の場合には，**株主総会において決算書が承認**されます。こうして確定した決算書に書かれている利益額を企業所得とみなして，これをベースに課税所得を計算するのです。このことから，法人税法では，**確定決算主義・確定決算基準**が採られているといわれています。

　金融商品取引法は，情報公開を目的とした法律であることから，本来なら，会社法とは違った利益（例えば，発生主義による利益）や資産評価（例えば，全面時価主義）を採用してもおかしくはありません。

　しかし，現在のところ，わが国の金融商品取引法では，利益の概念も資産評価の基準も，基本的に，**会社法の規定を準用**することにしています。会社法規定で計算された利益を報告し，会社法の規定による資産評価が行われるのです。

ぶら下がり型会計規制

こうした関係は、表現はかっこよくありませんが、次に示すような「ぶら下がり型」構造といってもよいでしょう。

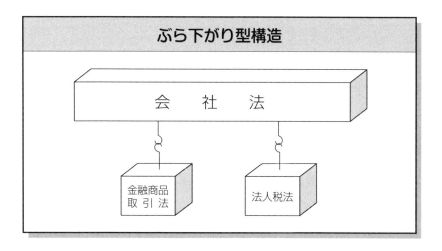

ではなぜ、こうした「ぶら下がり型」あるいは「増築型」の法体系が採用されているのでしょうか。いくつか理由があります。

(1) 第1には、法技術の理由から、**会社法を基本法**としていることにあります。3つの法律はそれぞれ目的が違いますが、会社法を基本法として、金融商品取引法や税法は、その固有の目的を達成するのに必要な修正を加えたりルールを追加したりするほうが、**法律を簡潔に、経済的に作ることができる**からです。
(2) 会社法とは関係なく金融商品取引法と税法を作るとしますと、金融商品取引法が適用されるような大規模会社は、3つの法律が別々に、

相互に関係なく適用されることになり、負担が大きくなります。ぶら下がり型は、適用会社の負担を大きく軽減するものです。また、会社の利益が会社法と金融商品取引法と税法で違うとなれば、株主や投資者は判断に迷うことになりそうです。その混乱も避けられるでしょう。
(3) わが国には中小規模の会社が多いので、**配当可能利益（会社法）の計算と課税所得の計算（税法）**を同じシステムで行うのが経済的かつ合理的です。

確定決算主義

　実は、こうした「ぶら下がり型」あるいは「増築型」の会計規制のうち、税法が会社法にぶら下がっていることから、重要な弊害が生じています。この弊害については、税理士を目指す皆さんには是非知っていてもらいたいのですが、本書にはこれを書くだけの紙幅がありません。是非、わたしが書いた『**会計学の座標軸**』（税務経理協会刊）の第5章「確定決算主義における六つの大罪」を読んでみてください。

　ここでは、**税法が会社法にぶら下がっているはずなのに**、実は、ぶら下がっているはずの**税法が会社法決算を左右している**一面があり、それが、**企業決算を歪めている**ことを紹介しておきたいと思います。この話も、試験には直接関係しないことですが、税理士業務を仕事とする以上は、知っていて欲しいことです。

▶ 本来は会社法が主

　すでに法人税法では**確定決算主義**が採られていると書きました。法人の決算は、その**計算書類（財務諸表）**が**株主総会において承認**されることによって確定します。税法では、そこで**確定した決算書に書かれている利益**

額を企業所得とみなし，これをベースにして**課税所得を計算**します。企業が負担する税金の計算が，会社法の会計規定に大きく依存しているのです。

　少し具体的に述べてみますと，課税所得を計算する際，収益，費用，損失，資産，負債などを処理する方法として，**一般に公正妥当と認められた基準**がいくつか存在することがあります。こうした場合には，**会社法上の決算において採用した方法を，税務上も採用**しなければならないことになっているのです。

▶ 同一会計処理の採用

　例えば，**会社法決算上**，在庫の評価方法として先入先出法を使っているとすれば，**課税所得の計算上も先入先出法を採用**しなければならないのです。割賦基準や工事進行基準の採用についても同様です。また，減価償却費や資産の評価損などは，会社法決算において費用計上されていなければ，税務計算上も**損金**（費用）に算入することはできません。

　こうした税法の要件は，**配当可能利益（会社法）の計算と課税所得（税法）の計算とを結びつける**ことによって，法人の経理負担を小さくすることと，もう1つ，**不当な税の回避**をさせないことにねらいがあります。

　もし，会社法上の配当可能利益の計算と課税所得の計算に，それぞれまったく違った処理方法を使ってもよいとなりますと，一部の企業（ほとんどの企業かもしれませんが）は，**会社法上はもっとも利益が大きく計算される方法**を採用し，他方で，**税務計算上は，もっとも所得が小さくなる処理方法**を採用するおそれがあるのです。場合によっては，**確定決算において巨額の利益を報告**しながら，**税務上は赤字を報告**するということもありうるでしょう。

もし，会社法と税法で，違った方法を使えるとしたら，企業はどういう選択をするでしょうか。例えば，よく知られていますように，固定資産について定額法を採用すれば，償却の初期においては定率法よりも償却費が少なくて済みます。定率法を採用すれば，初期においては，償却費が大きく計算されます。そこで，**会社法上は定額法を採用して費用負担を軽くし，税務上は定率法を採用して損金を大きく計上するという経理**が行われかねません。

　長期の請負工事の場合は，**会社法上は工事進行基準**を使って当期に帰属する利益を計上し，**税務上は工事完成基準**を使って利益の計上を後期に繰り延べることができます。

▶ 「大きな利益，少ない税金」の誘引
　一般論として，経営者も株主も，**経営者の業績指標としての利益，配当の財源としての利益**は大きければ大きいほどよいと考えます。他方で，**課税の対象となる所得**は，小さければ小さいほどよいと考えるでしょう。つまり，**会社法計算では利益を大きく，税務計算では所得を小さく**したいのです。

　税法の確定決算主義は，こうした企業の身勝手な計算を許さない仕組みです。**会社法上，利益を大きく計上した企業には，税務上も所得を大きく計算**するようにして，それに応じた税を負担してもらおうというのです。この目的にとっては，税法が会社法にぶら下がっている構造は，実に効果的です。

　このシステムは，うまく機能すれば，大きな利益を計上したいという願望と，税金を少なくしたいという希望とを，うまくバランスさせることができます。配当財源としての利益を大きくしたいと考える企業は，それに

応じた税を負担しなければならないし，逆に，税負担を小さくしたいと考える企業は，報告する配当可能利益も小さくすることで我慢しなければならないのです。

税法の逆基準性

　では，こうしたシステムを採用している場合，わが国の経営者はどういう選択をするでしょうか。**配当可能利益を大きく報告**するほうにインセンティブを感じるでしょうか，それとも，**税負担を小さくすること**に惹かれるでしょうか。

　それは，それぞれの企業がおかれた状況によって違うと思います。**株式を公開している企業**，とりわけ**外国人の持ち株比率が高い企業**の場合は，**株価維持**のためにも，**配当要求**に応えるためにも，大きな利益を報告するほうにインセンティブがあります。

　しかし，**非公開企業**や，**株式の持ち合い**が行われているために**個人投資家による持ち株比率が小さい企業**の場合は，大きな利益を報告する必要はありません。むしろ，それよりも，税負担が小さいほうが望ましいと考えるのではないでしょうか。

　会社法決算と税務計算がリンクしていることから，税負担を小さくしたいと考える企業は，会社法上の利益を小さくするでしょう。つまり，**税金計算で有利になるように会社法決算が行われる**のです。

　これが，わが国で「**会社法に対する税法の逆基準性**」と呼ばれる現象です。

確定決算主義は，元来，**会社法の会計規定が税法に対して「基準性」を与えるもの**です。会社法の決算に準拠して，課税所得を計算するのです。ところが，現実には，会社法と税法の計算を一致させると，それは諸刃の剣となるため，**税を回避するというモチベーション**が強く働き，結局は会社法決算を歪めてしまっているのです。

　会社法の会計規定は，上にも述べましたように，債権者の保護を図るとともに，企業経営と経理の健全性を高めることを目的としています。**税法の逆基準性**は，こうした**会社法の理念**とは相容れないといえるでしょう。

　確定決算主義には多くのメリットがありますが，反面，運用の実態を見ますと，数多くの弊害や，逆基準性による税回避を許容するというデメリットがあります。

　確定決算主義が採用されてから半世紀が過ぎました。今日では，この制度のメリットよりもデメリットのほうがはるかに大きくなってきているようです。このシステムは，抜本的な改革が必要な時期が来ているのではないかと思われます。

CHAPTER 4

企業会計原則

♣ GUIDANCE

　この章では,わが国の会計ルールブックとも言うべき「企業会計原則」について学びます。

　企業会計原則は,公正な会計慣行を成文化したものであるといわれています。公正な会計慣行とは,また,一般に公正妥当と認められた会計原則ともいわれ,英語では,generally accepted accounting principles,略して,GAAP(ギャップ)といいます。

　英米のようなコモン・ローの国々では,こうした慣行として成立しているものに法的な効力(法的地位)を認めています。

　しかし,わが国は,ドイツやフランスと同じく,大陸法系(たいりくほうけい)の法体系を取っています。そのために,世の中に慣行として成立していることについても,あまり強い法的地位を認めていません。

　しかしながら,現代の会計が立脚する思考を正しく理解するためには,企業会計原則の学習が欠かせません。

　では企業会計原則は,会計慣行を成文化したといわれていますが,どういう役割を担(にな)っているのでしょうか。

一般に公正妥当と認められる企業会計の慣行

すでに述べましたように、**会社法は「債権者保護」を目的**とし、**金融商品取引法は「投資者保護」を目的**としています。そのために、それぞれの法は、法の目的を達成するのに必要なことだけを規定しています。

そのため、会社法の規定だけで会計（記録、計算、決算）を行うことはできません。企業活動を記録・計算して、決算まで行うにはそのほかにもさまざまなルールが必要です。言い換えますと、会社法や金融商品取引法は、そうしたさまざまなルールが別にあることを前提にして、それぞれの法目的を達成するための規定を補足的・追加的に定めているのです。

例えば会社法は、「**株式会社の会計は、一般に公正妥当と認められる企業会計の慣行に従うものとする**」（会社法431条1）と定めています。

ただし、会社法では、「公正妥当な会計慣行」が何であるかは具体的に示していません。一般的には、大企業向けに金融庁の**企業会計審議会**や民間の基準設定機関である**企業会計基準委員会**が公表する意見書や会計基準がこれに含まれると考えられています。

企業会計審議会が公表した「**企業会計原則**」（昭和24年設定、最終改正昭和57年）は、企業会計の実務において慣習として発達したものの中から「一般に公正妥当」と認められたものを要約して、会計処理や会計報告の基準としてまとめたものだといわれています。

企業会計原則は，法令ではありません。英米法の世界でいう「**コモン・ロー**」に近いもので，**会計に関する一般的規範**とみなされています。これは，産業界と利害関係者（投資家，監査法人，監督官庁，証券市場など）の「合意」を基にした約束のようなものと考えてよいでしょう。

企業会計原則の生い立ち

企業会計原則が設定されたのは，戦後の日本経済を再建するための経済政策の一環として，企業会計制度を改善・統一することを目的としていました（公表当時の前文。昭和24年）。とりわけ，アメリカ等の先進諸国から資金を導入するために，わが国の会計制度を欧米の制度と同様のものとする必要があり，わが国における会計制度の核となるものとして，企業会計原則が設定されています。

会計規範として，最初に企業会計のルールブックを作り，それをベースとして，旧来の商法，税法などを改正し，また，**新規に証券取引法**（現在の金融商品取引法）を制定しようとしたのです。

そうした経緯から，設定後しばらくの間は，**企業会計原則が当時の商法，証券取引法，税法の会計規定に対して「指導的地位」**を持っていました。各法律は，企業会計原則の精神に沿うように，会計規定を整備・改善してきたのです。当時は，企業会計原則が，各法の会計規定に対して「**指導規範的役割**」が課されていましたし，法制度上の地位も高かったのです。

企業会計原則の法的地位

企業会計原則は，主として**英米の会計基準を翻訳して成文化したもので，法令ではありません**。英米のような**コモン・ローの世界**では，成文化された会計規定（例えば，会社法）もありますが，多くは**慣習として成立しているルールが法的な効力**を持っています。会計基準の多くは，そうした慣習・慣行として規範性を認められており，成文法の中に取り込まれることは少ないのです。

しかし，**慣習としての会計基準**は，コモン・ローの世界で法的な効力を認められているにしても，**大陸法の世界では法的な地位が不確か**です。現に，わが国においても，企業会計原則が法令ではないことから，次第に，法的な地位が軽くなってきました。大陸法の世界では，法令ではないものに法的効力を認めることはまれで，**企業会計原則も，それ自体には法的な効力が認められなくなってきた**のです。

▶ 財務諸表等(とう)規則による法的認知

そうした背景から現在では，金融商品取引法において，財務諸表の作成上，「一般に公正妥当」と認められた企業会計の基準に従うことを定め（193条）た上で，財務諸表等規則という省令で，次のように定めています（財規1条2項）。

> 「企業会計審議会により公表された企業会計の基準は，一般に公正妥当と認められる企業会計の基準に該当するものとする」

CHAPTER 5

7つの一般原則

♣ GUIDANCE

　ここでは，企業会計原則の詳細を述べるだけのスペースがありませんので，企業会計原則に定められている基本的・一般的な原則（これを，一般原則といいます）を紹介します。

　いずれの原則も，会計の考え方を知る上で極めて重要なものですが，「原則」といった性格のものではなく，近代会計の考え方とか会計の目的をシンボリックに表明したものです。

真実性の原則

企業会計原則の冒頭に書かれている原則です。

> **企業会計原則　一般原則　第1**
>
> 「企業会計は，企業の財政状態及び経営成績に関して，真実な報告を提供するものでなければならない。」

この文言(もんごん)を，一般に，「**真実性の原則**」と呼んでいます。簡単にいいますと，会計報告（決算報告）を行うにあたっては真実を伝えること，嘘をいわないこと，を要求しています。

報告書や手紙を書くときの作法としては「本当のことを書く」のはあたり前のことです。あえていうことでもないことですが，そうしたことをルールブックの最初に書くのですから，この原則は**倫理規定**の意味合いが強いといえるでしょう。

ところで，真実を伝えることはそう簡単ではありません。何をもって真実とみるかは，国により，人により，時代によって異なるからです。「東京の大学に合格した」というのと「東京大学に合格した」ではまるで意味が違いますが，東京大学に合格した人にとってはどちらも真実となります。

会計の世界でも，ある面から見たら真実だけれど，見方を変えたら真実でなくなるということがしばしば起こります。そういうときにはどうしたらよいでしょうか。日本ではハッキリしたルールはありませんが，英米では「誰に対してもフェアであること」とか，「真実かつ公正であること」を求めるルールがあります。

▶ 企業会計原則への準拠

わが国では，「フェア」とか「公正」という概念が根付いていないために，「**企業会計原則に準拠して行われる会計処理と会計報告**」をもって真実なものとみなしています。

真実性の原則

（要求）
会計処理の真実性
会計報告の真実性
　の両者が要求される

（表面的には「報告の真実性」のみが要求されているようにみえるが，報告の真実性の前提として「処理の真実性」がある）

（目的）
① <u>不実行為を排除すること</u>
　　　事実に反する会計行為
　　　　　有るもの（大きいもの）→無いという（小さいという）
　　　　　無いもの（少ないもの）→有るという（多いという）
② 公正性を確保すること（誤解を防止する）

正規の簿記の原則

企業会計原則　一般原則　第2

「企業会計は、すべての取引につき、正規の簿記の原則に従って、正確な会計帳簿を作成しなければならない。」

　ここで「正規の簿記」とは、**企業におけるすべての取引を正確・整然・明瞭に、かつ継続的に記録することができる簿記システム**をいいます。大規模会社については、**複式簿記**が最も適しています。

　しかし、零細な企業や取引が極端に少ない事業などでは、わざわざめんどうな複式簿記を使わなくても、**単式簿記**のような簡便な記帳法でも、継続的・秩序的な記録を残すことができ、正確な会計帳簿を作成することが可能です。したがって、企業規模や取引量によっては、**単式簿記も正規の簿記**と考えることができます。

正規の簿記＝会計報告書の作成方法として的確な簿記

　正規の簿記の要件
　　⇓
① 網羅性（一定期間に発生したすべての取引を記録できること）
② 記録の検証可能性（実際の取引その他検証可能な証拠に基づいた記録ができること）
③ 秩序性（継続的かつ組織的な記録ができること）
④ 財務諸表の誘導可能性（その記録から、財務諸表を誘導的に作成することができること）

KEYWORD

単式簿記	複式簿記以外の簿記システムを総称して，単式簿記といいます。多くの場合，すべての取引を記帳するのではないので，**貸借平均の原理**が働きません。複式簿記でいう，借方か貸方のいずれかを単記入する方式です。
複式簿記	経済主体（企業）の，資産・負債・資本とその変化を，**貸借記入の原則**を使って継続的に記入し，損益の計算と財産の計算を同時に行う簿記システムをいいます。

■ 資本取引・損益取引区別の原則

企業会計原則　一般原則　第3

「資本取引と損益取引とを明瞭に区別し，特に資本剰余金と利益剰余金とを混同してはならない。」

　会計上の取引のうち，**通常の営業取引**（商品の売買など）は**収益**や**費用**を**発生**させ，結果として企業の**純資産**を**増減**します。しかし，**損益の発生以外の原因から純資産を増減させる取引**もあります。例えば，株主が**追加**の**資本**を払い込んだとか，逆に払い込んだ資本を株主に戻したような取引がそうです。

▶損益取引と資本取引

　前者のような,「損益を発生させる取引」を「損益取引」といい,後者のような,「直接に純資産を増減させる取引」を「資本取引」といいます。

　資本取引は,企業の元手(資本)を直接に増減させる取引であって,損益取引は,その元手(資本)を運用する取引です。運用の結果,元手が増加(利益の発生)することもあれば,減少(損失の発生)することもあります。

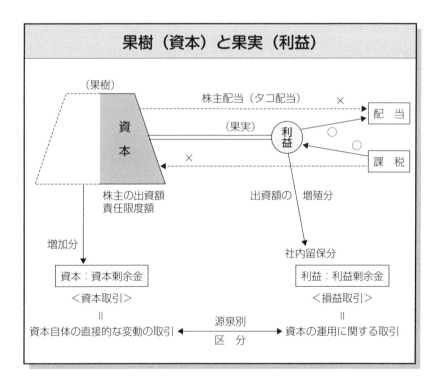

CHAPTER 5　7つの一般原則

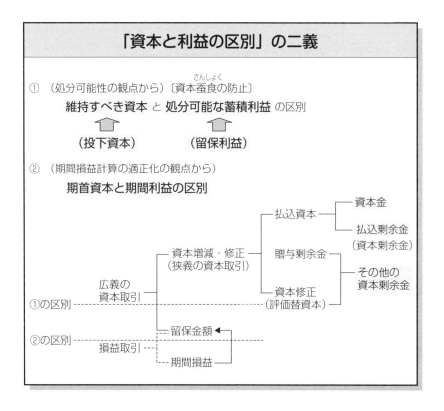

　資本取引と損益取引を区別するということは，資本取引の結果として企業内部に留保される元手（資本）と，元手を運用（損益取引）した結果として生じる損益を混同しないようにすることです。

明瞭性の原則

> **企業会計原則　一般原則　第4**
>
> 「企業会計は，財務諸表によって，利害関係者に対し必要な会計事実を明瞭に表示し，企業の状況に関する判断を誤らせないようにしなければならない。」

　この原則は，企業の**利害関係者**（株主，債権者，取引先，課税当局など）が企業の**経営成績**や**財政状態**について正しい判断をするにあたって必要な**会計事実を財務諸表によって明瞭に表示**することを要請するものです。

▶ 詳細性と概観性

　ある事実を明瞭に（正しく判断できるように）示すという場合，2つのことが考えられます。1つは，詳しく示すこと（**詳細性**）であり，もう1つは，一目（ひとめ）でわかるように示すこと（**概観性**）です。

　ところが困ったことに，**詳細性と概観性は両立しない**のです。詳しく示そうとすれば概観性を失いますし，一目でわかるように示そうとすれば細部が示されません。

　例えば，地球儀は世界全体を一目でとらえるには便利ですが，地球儀を手にして旅行をするわけにはいきません。旅行には，訪問先の詳しい地図が必要です。そこで，概観性のある情報を先に示しておいて，必要に応じて詳細な情報を示して補足するということが行われます。

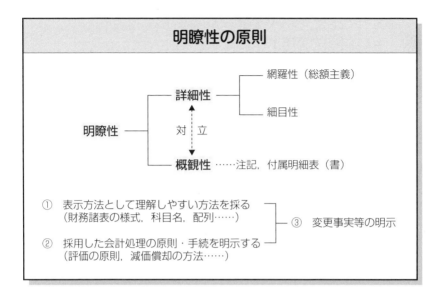

▶ 補足情報と附属明細書

　会計情報の場合には，損益計算書や貸借対照表の本体ではあまり詳しい情報を示さずに概観性を保つようにしておいて，必要に応じて，**補足情報を注記**したり，**附属明細書を添付**したりします。

継続性の原則

> ### 企業会計原則　一般原則　第5
> 「企業会計は，その処理の原則及び手続を毎期継続して適用し，みだりにこれを変更してはならない。」

　これを一般に，「継続性の原則」といいます。ある会計方法や手続きを採用したら，この方法を毎期継続して適用し，正当な理由なくこれを変更してはならない，というものです。なぜ，こうしたルールが必要なのでしょうか。

　今，減価償却のことを考えてみましょう。固定資産の価値の減少を計算する主な方法としては，**定額法**と**定率法**があります。定額法では，固定資産の価値は，毎期，均等額ずつ減少するという仮定の下に減価償却費を計算します。定率法では，償却の初期には多めの減価が発生し，後期になるにつれて減価が小さくなるという仮定の下に償却費を計算します。

　この2つの方法は，非常に長い歴史を持ち，どちらが優れているとはいえません。そこで，会社法でも企業会計原則でも，企業が減価償却の方法を選択するときには，どちらを選んでもよいとしています。認められた複数の会計方法があって，その方法に優劣がつけられない場合には，自由な選択を認めているのです。

定額法も定率法も，同じ方法を最後まで継続して適用することを要求するのは，(1)**会計数値の期間比較可能性を確保すること**，(2)**経営者の利益操作を排除すること**，を目的としているといわれています。

　もし，定額法を採用した企業が，途中で定率法に変更するとすれば，毎期に計上される減価償却費が**期間的連続性**を持たなくなります。

　それ以上に重要なのは，なぜ，会計方法を変更するのかです。多くの場合，会計方法を変更するのは，利益数値を「マッサージ」（**利益操作**）したいからです。そうした**恣意的な操作を排除する**ために，一度採用した会計方法は，正当な理由がない限り，変更を認めないのです。

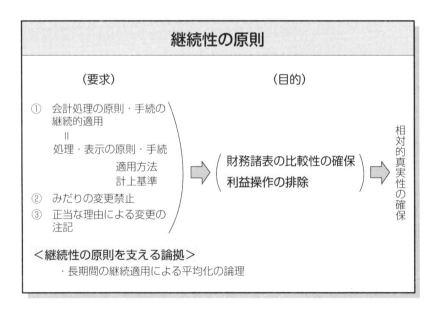

▶ 正当な理由

では、会計方法を変更する正当な理由としては、どういう理由があるのでしょうか。これを示しておきます。

「正当な理由」による変更の例

（1） 従来慣行的に採用されていた方法からより合理的な方法への変更
　　① 税法に規定する方法　⇒　他の合理的な方法
　　② 現金主義による会計処理　⇒　発生主義による会計処理

（2） 財務内容のより適正な表示になる変更

（3） 財政状態に著しく不利な影響を及ぼす可能性のある時に、保守主義の枠内でより保守的な方法に変更
　　（例）　時価下落傾向の時に、原価主義　⇒　低価主義

（4） 法令、規則（含．税法）の改正等に伴う変更

（5） 監督官庁の関係法令等の解釈・運用方針の公表・変更に伴う変更

保守主義の原則

保守主義というのは，政治の世界にも，企業活動にも，日常の家庭生活にも，どこの世界にもあります。「**リスクが伴うときには，そのリスクに備えて用心しよう**」という姿勢で，一種の生活の知恵です。車を運転していて，カーブ先の見通しが悪いときには誰でも減速します。予約した飛行機や新幹線に乗るときは，少し時間に余裕を持って出かけるでしょう。いずれも，起こり得るリスクに備えているのです。

企業会計原則にも，そうしたリスクを避けようという姿勢があります。次のように書いてあります。

企業会計原則　一般原則　第6

「企業の財政に不利な影響を及ぼす可能性がある場合には，これに備えて適当に健全な会計処理をしなければならない。」

これを，一般に「**保守主義の原則**」とか，「**安全性の原則**」といいます。要するに，会計処理においては，**利益を出すときは慎重に，費用は早め・多めに計上する**，つまり，「石橋を叩いて渡れ」ということでしょう。

会計では，見積りによる計算をしなければならないことがたびたびあります。例えば，減価償却をとりましても，耐用年数も残存価額も見積りです。売掛金や貸付金が貸倒れになる場合に備えて設定する「貸倒引当金」も，将来の貸倒れを見積もって金額を決めます。

▶ 保守的な経理

　そうした見積りの計算をする場合には，収益や利益が控えめに出るように，費用が多めに出るように保守的な経理をする方が，その逆よりも健全な結果をもたらすといわれています。

保守主義の原則（安全性の原則）

企業の財政に不利な影響を及ぼす可能性のある場合（予測される将来の危険） これに備えて，慎重な判断に基づく適当に健全な会計処理

保守主義の意義
　＝一般に公正妥当と認められた会計処理や見積りの方法の枠内で，より多くの費用・損失が計上される方法，より少ない収益・利益が計上される方法を採ることを妥当とする思考

（条件）
方法の選択について，いずれを選択すべきかの客観的データがないこと

この枠から外れると**過度の保守主義**

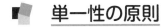
単一性の原則

企業会計原則　一般原則　第7

「株主総会提出のため，信用目的のため，租税目的のため等種々の目的のために異なる形式の財務諸表を作成する必要がある場合，それらの内容は，信頼しうる会計記録に基づいて作成されたものであって，政策の考慮のために事実の真実な表示をゆがめてはならない。」

▶ 財務諸表の作成目的は多様

　企業の財務諸表はいろいろな目的で作成されます。**株主総会に提出する財務諸表**は，**会社法施行規則・会社計算規則**に形式が定められており，**有価証券報告書に収容する財務諸表**は，**金融商品取引法・財務諸表等規則**によって形式が定められています。

　銀行や保険会社などからお金を借りるために（**信用目的**といいます）財務諸表を作成する場合は，必ずしも法令に従って作成する必要はありませんが，株主総会向けの財務諸表よりも詳細な情報を盛り込むことが要求されることもあります。

▶ 実質一元・形式多元

このように,会社が作成する財務諸表は,その**目的によって形式が異な**ることがあります。しかし,形式が異なっても,そこに記載される内容(利益の数値や財産の数値)まで違えば,この財務諸表は信頼されないでしょう。

この「単一性の原則」は,いろいろな目的で財務諸表が作成されるにしても,そこに盛り込まれる**会計数値等は実質的に同じ**であることを要求しています。

KEYWORD

定 額 法	固定資産の価値は,毎期,一定額ずつ減少すると仮定して減価償却費を計算する方法です。建物やトラックのように,機能的な減価が少ない資産に適していると考えられています。
定 率 法	固定資産の価値が,毎期,一定率ずつ減少すると仮定して減価償却費を計算する方法です。機械や乗用車のように,使用し始めた初期の段階で大きな価値の減少が見込まれる資産に適していると考えられています。

重要性の原則

企業会計原則の注解・注1に,「重要性の原則の適用について」というのがあります。この原則は,明瞭性の原則や正規の簿記の原則に対する**例外的な取り扱いや簡便な処理**を「許容」するものであって,積極的に例外処理や簡便法を適用することを「要求」するものではありません。

この原則は,**明瞭性の原則と正規の簿記の原則に対する例外規定**ですから,7つの一般原則とは同列に扱うことはできません。そのために,注解において**適用指針**が示されているのです。そういう意味からすると,これは,「原則」というより,「**重要性の判断指針**」程度のものです。

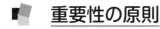
KEYWORD

同じ種類の商品であっても,仕入れた日が違うと仕入単価も違うことがあります。そこで,売れた商品と売れ残った商品を区別するために,次のような商品の流れを仮定するのです。

先入先出法	先に仕入れた商品が先に売れたことにする方法です。ほとんどの商品はこうした流れ方をします。
後入先出法	最後に仕入れた商品から先に売れると仮定する方法です。建設に使う砂のように,在庫の上に仕入れたものを上積みすると,後入先出の流れになります。利益操作に使われることもあるので,現在は適用が禁止されています。
平均法	先に仕入れた商品と後から仕入れた商品がミックスされて売られると仮定する方法です。石油や液体の原料などはこうした流れ方をします。

CHAPTER 6
P/LとB/Sはどのようにして作られるか

♣ GUIDANCE

　会計は，複式簿記のシステムを前提としています。複式簿記のシステムにインプットできないものは，会計では扱えません。また，このシステムからアウトプットできないものは，本来，「会計情報」とは呼べません。

　複式簿記のシステムは，会計の枠組みを決めるという意味では，非常に重要なコンセプトであり，「会計を会計たらしめているもの」なのですが，それが，他方では，「会計の限界」にもなっています。

　会計の主役である財務諸表は，こうした複式簿記の産物でもあるわけですが，残念ながら「完全な財務諸表」とはいえそうもありません。

　しかし，わたし達は，車でも教育でもゴミ処理でも，完全なシステムを持つことは不可能です。いつでもすぐに時速100キロが出せて，絶対に事故を起こさない車，誰もがすぐに秀才になる教育，そして，誰も文句をいわないゴミ処理，あればいいのですが，それは「無い物ねだり」です。

　財務諸表も，損益計算書を主役にすれば，貸借対照表が不満をいいだしますし，かといって，貸借対照表を主役にしますと，損益計算書の側から不満が噴きだします。完全な財務諸表などはないのです。

会計と複式簿記のシステム

　会計は簿記のシステムを前提にしています。大工から「かんな」や「のこぎり」を取り上げたら大工でなくなるのと同じように，会計から複式簿記を取り上げたら会計としての仕事はできなくなります。**複式簿記のシステムを使わなければ，会計のデータは相互に**脈絡のない数字の羅列になってしまうからです。

　複式簿記のシステムは，このように会計の前提をなす重要な技法ですが，しかし，この技法が15世紀に誕生して以来，さしたる大きな構造の変化もないまま，その時々の必要によって改良を加えられて，今日の姿になっています。

　いま，複式簿記のシステムをブラック・ボックスとしましょう。ブラック・ボックスというのは，パソコンとかテレビなどのように，中の構造やシステムがどうなっているかはわからないが，どういう仕事をするかはわかっている装置のことをいいます。

　この複式簿記というブラック・ボックスに，**企業活動を金額的に捉えたデータをインプット**（システムにデータを入力すること）すると，アウトプット（システムから取り出せるデータのこと）としていろいろ**加工したデータ**が取り出せます。

　例えば，毎日の仕入れと売上げのデータをインプットすれば，月次や年次の**総仕入高**と**総売上高**がアウトプットとして取り出せますし，さらに期首と期末の**商品有り高**をインプットすれば，**売上総利益**を計算してくれます。

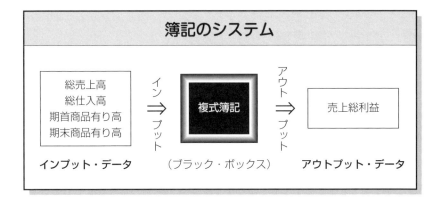

▶ フロー・データから損益計算書

　このアウトプット・データの中から，ある目的に合うデータだけを集めてみましょう。例えば，**利益を計算する目的に必要なデータ**を集めるとします。利益を計算するのに必要なデータとは，より具体的には**フローに関するデータ**といってよいでしょう。ブラック・ボックスから取り出せるデータのうちからフロー情報だけを選別するフィルターを用意し，このフィルターを通る情報だけを集め，これらを組み合わせて作ったのが，**損益計算書**です。

　複式簿記のシステムから出てきた加工データのうち，こうしてある目的（利益の計算）に合うものを取り出したあと，残りのデータ（フィルターを通らなかったデータ）を観察すると，**財産に関するデータ**が多いことに気がつきます。

▶ ストック・データから貸借対照表

　これは，**ストックに関する情報**といってもよいでしょう。この残りのデータを，寄せ木細工のように組み合わせると，**貸借対照表**ができるのです。次頁の図表は，以上の関係を図示したものです。

64

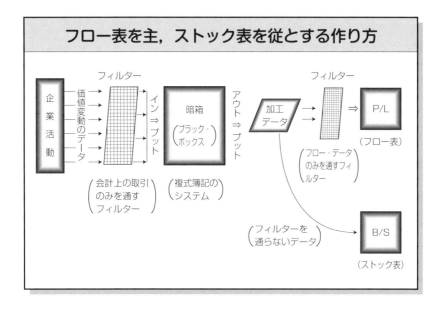

　フローに関するデータだけを通すフィルターを1枚用意するだけで，ブラック・ボックスから取り出されたときは雑然としていた加工データが，整然と**フロー表（損益計算書）**と**ストック表（貸借対照表）**に収まるのです。500年も昔に作られたシステムとは思えないほど見事というほかはありません。

ストック表としての貸借対照表

　ところで，いまの説明では最初にフロー・データだけを通すフィルターを用意しました。そして，残りのデータを集めてストック表としました。

　この場合，**ストック表（貸借対照表）**は，**フロー表（損益計算書）**とは違って，最初に目的を与えてデータを集めたわけではありません。あくま

でも，フロー表を作成するのに必要なデータを取り出したあとに残ったものを組み合わせて作った表にすぎないのです。

詳しくストック表を眺めてみますと，財産とかストックとは呼べそうもないものや，財産表とかストック表というなら違う金額を付したほうがいいようなものも混じっていることに気がつくでしょう。

では，フィルターを換えてみましょう。ストック・データ（財産の有り高に関するデータ）だけを通すフィルターに換えるのです。フィルターを通るデータはすべて，ストックに関するデータです。

次の図表は，フィルターを取り替えて，ストック・データだけを通すものにしたチャートです。

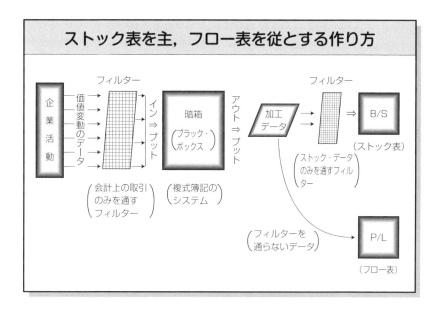

そうすると、**ストック表としての貸借対照表**が先にできますが、この貸借対照表には、例えば、**繰延資産**のような**擬制資産**や**前払費用**などは出てきません。また、損益計算書には、当期の損益計算とは関係のない項目がいろいろ計上されるようになります。

最初に損益計算書を作成しますと、残されたデータで作った貸借対照表には、何か不純物が紛れ込みました。今度は、貸借対照表から先に作ったのですが、そうすると、貸借対照表には不純物が紛れ込みませんが、損益計算書に不純物が紛れ込むのです。

なぜかといいますと、複式簿記というシステムから取り出されるアウトプットのデータをストックのデータとフローのデータにきれいに2分割できないからです。

フロー表としての損益計算書

今日の会計では、**フロー・データで損益計算書を先に作って、残りのデータで貸借対照表を作成**しています。そのため、作成された貸借対照表をストック表として観察すれば、そこにはいろいろな不満が残るのです。

例えば、資産とはいいがたい項目が**繰延資産**や**のれん**として計上されるとか、土地や有価証券の金額が**現在の価値**を示していないというのは典型です。

かといって、では**ストック表（貸借対照表）**から先に作って、残りのデータで**フロー表（損益計算書）**を作成しますと、今度は、繰延資産のような擬制資産は「その支出の効果が次期以降に及ぶ」と認められても、

「期間損益計算の適正化」に役立つにしても、ストックでない以上、ストック表には掲げられません。

建物や機械は、これまでのように減価償却費を計算して期間配分するのではなく、毎期末に建物や機械を評価して金額を決め、毎期の評価差額が損益計算書に計上されることになるでしょう。そういうことになると、いまの会計理論を根底から大きく変える理論構成が必要になるのです。

▶ P／LとB／Sの接着剤

会計学ではこれまで、**損益計算書は企業の経営成績**を示し、**貸借対照表は企業の財政状態（財務状態）を示す**、と説明してきました。2つの計算書に、それぞれ違った役割を与えてきたために、**2つの計算書を一元的・統一的に解釈**することは行われてこなかったのです。損益計算書が示す経営成績と貸借対照表が示す財政状態を、統一的に説明する「接着剤」は、いまだに開発されていないのです。

こうした問題は、**複式簿記という不完全なシステム**を採用しているから生じるのですが、かといって、今のところ、複式簿記に取って代わるだけの利益計算の体系はありません。15世紀に誕生して、さしたる構造変化も経なかった簿記のシステムをうまく使いながら、会計の目的を達成するしかないのです。

システムに完全なものはありません。教育システムも、交通信号システムも、ゴミ処理システムも、原子力発電システムも、どれもこれも不完全なシステムです。でも、不完全なところを承知して、システムを動かしていくしかないのです。

企業が作成する財務諸表にも，そうした限界や不完全なところがあるということを理解した上で利用する必要があります。会計や財務諸表は，15世紀に誕生した複式簿記に依存するものです。限界があることはやむをえないことです。

CHAPTER 7

資産の分類
―流動資産と固定資産をどのようにして分類するか

♣ GUIDANCE

　企業が保有する資産は，(1)販売するため，(2)利用するため，(3)値上がりを待って転売するため，(4)取引先との良好な関係を維持するため，(5)他の事業に投資するため，さらには，(6)余剰資金を運用するため，など，いろいろな目的で所有されます。

　また，資産の所有形態も，現金，預金，商品，受取手形，有価証券，土地，建物など，多様です。

　貸借対照表においては，こうした資産の所有目的や所有形態とともに，その資産がどれだけ「現金に近いか」，「借金の返済財源として使えるか」という視点から分類・表示されます。

資産の分類に関する基本的考え方

　上のGUIDANCEで述べたように，貸借対照表において資産を分類表示する場合，財務諸表の利用者が，(1)資産の**所有目的**，(2)**所有形態**，(3)**流動性**（現金に近いかどうか）を判断できるように工夫しています。

▶ 目的別分類の例：有価証券

　例えば，企業が保有する**有価証券**の場合，企業がいかなる目的でその有価証券を保有しているかは，その有価証券が**流動資産の部**に掲げられているか，**固定資産の部**に掲げられているかを見ることで知ることができます。

　流動資産の部に掲げられている「**有価証券**」は，「**売買目的有価証券**」といい，「短期に売却することを目的」として保有しているものです。固定資産の部に掲げられている有価証券（「**投資有価証券**」という）は，主に，「**持ち合い**」による株式で，通常は，売買することを予定していないものです。

　企業が保有する有価証券の形態は，多くの場合，貸借対照表本体ではなく，**附属明細表**（有価証券明細表）において開示されています。そこでは，どこの会社の株式・社債をどれだけ所有しているか，国債・地方債の所有状況などが明らかにされています。

▶ 流動性による分類の例：有価証券

　では**有価証券の流動性**は，どのように表示されているでしょうか。上に書いたように，有価証券は，流動資産の部と固定資産の部に分けて掲げられますが，**流動資産の部に掲げられている「有価証券（売買目的有価証券）」**は，証券取引所に上場されているものですから，市場で売却するこ

とによって比較的容易に現金に換えることができます。つまり，**流動性が高い**のです。

それに対して，**固定資産の部**に掲げられる「**投資有価証券**」は，**短期に売却を予定していないか**，**活発な売買市場がないので簡単には売却できない**など，**流動性が低い**ものです。

▶ 資産分類の３つの視点

貸借対照表における資産は，このように，**資産の所有目的，所有形態，流動性**という３つの視点から分類されています。資産の項目がそうした視点から分類表示されていることを知れば，貸借対照表から多くのことを知ることができます。

なお，後の方で，資産・負債を分類する一般的な基準として，「**営業循環基準**」と「**１年基準**」を紹介します。

KEYWORD

附属明細表──金融商品取引法上，財務諸表等規則において掲げられているもので，B／S，P／Lの内訳等の明細を記したもの。**財務諸表を構成する一部**として位置づけられている。

附属明細書──会社法上，株式会社が決算期ごとに作成するもので，**計算書類と事業報告の記載を補足する重要な事項を記載する文書**である。株主・債権者が計算書類や事業報告の内容を詳細に知るための手助けとなるとともに，株主が取締役などの業務執行等の適法性を監視するために必要な情報が盛り込まれている。上の，附属明細表とは，目的も内容も異なる。

流動資産と固定資産はどのように分類するのか

　一般の事業会社の場合，貸借対照表では，資産を，**流動資産**と**固定資産**に大分類します。

　同様にして，負債も**流動負債**と**固定負債**に分類します。

　流動とは，言葉のとおり，姿・形が定まらず変化することをいい，会計では，現金預金，売掛金，原材料，部品，半製品，製品など，**短期的に他の資産に姿・形を変えるもの**を指しています。

　現金なら，備品に変わることもあれば有価証券に変わることもあります。製品や売掛金ならもうすぐ現金に変わるでしょう。「流動性が高い」というのは，「現金に近い」という意味であり，**支払手段となりうる**ことを表しています。

　固定資産は，そうした変化に年月がかかるものをいいます。本社や工場が建っている土地は，営業を続ける限り売ることはないので，他の資産に変化することはありません。では，建物や機械はどうでしょうか。

　土地以外の固定資産は，**減価償却によって取得原価を期間に配分**します。**配分された原価は，その期の収益から回収**されます（減価償却費として費用計上された額だけ利益が少なくなり，その分だけ企業内に残ることになります）。毎期，これを繰り返すことによって，**固定資産に投下された資金は，その耐用年数が終わるまでに費用として計上され，収益から回収**されるのです。

収益としては,一般に貨幣性資産(現金・売掛金・受取手形)を受け取るので,回収される原価は,貨幣性資産に変わります。これに対して,固定資産は,減価償却を通して,流動資産に変化するのです。これを「固定資産の流動化」といいます。

なぜ,流動資産と固定資産に分類するのか

なぜ,資産・負債を流動性の高いものと固定性の高いものに分けるのでしょうか。

それは,企業がどれだけの流動資産を持ち,どれだけの流動負債を抱えているかを知ることによって,その企業の財務の安定性や借金返済能力を読み取れるからです。この情報は,経営者だけでなく,企業に投資する人たち(株主や資金提供者)にとってはきわめて重要です。

企業が資金的にどれだけ安定しているか,借入金や買掛金を返済する能力があるかどうか,これを知るには,ふつう,流動比率という指標を使います。流動負債は短期に返済すべき負債で,流動資産は,短期的に見た借金の返済財源です。

$$流動比率 = \frac{流動資産}{流動負債} \times 100 \ (\%)$$

目安としては,この比率が200%を超えているのが望ましいといわれています。200%を超えていれば,中期(1年程度)的に見て,営業活動の資金繰りや借金の返済には困らないと考えられるのです。すなわち,資産と負債を流動性の高いものと固定性の高いものに分けるのは,投資家が

その企業の安定性・支払能力を知ることができるようにとの配慮からです。**経営分析のニーズ**に合わせた分類なのです。

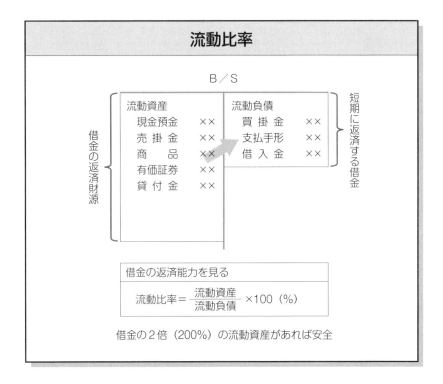

資金の循環

最初に，**企業に投下された資金**が，**企業内でどのように変化するか**を考えてみましょう。

企業に投下される資金は，最初は，**現金**の形を取ります。この現金で**商品や原材料を購入**します。この原材料を加工してできた製品や商品を販売

して改めて現金（売掛金や受取手形のこともあります）を回収します。こうした**現金からはじまって現金に戻る資金の動き**を「**資金の循環**」とか「**営業循環**」といいます。

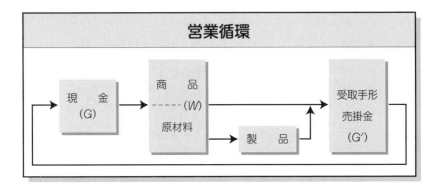

　経済学などでは，この現金をG，商品や製品をWであらわします。ここでGというのは，ドイツ語の$Geld$（ゲルト，貨幣），Wとは$Waren$（ヴァーレン，物品）のことです。そこで，**資金の循環**を，$G→W→G'$**という形で表すことがあります**。G'（Gにダッシュがついているもの）は，最初に投下された現金が，**利益の分だけ増加**していることを示しています。

■ 営業循環の内にある資産と循環しない資産

　回収した資金（G'）のうち，最初に投下されたG相当分だけがもう一度商品や原材料の購入に回されるならば，営業活動はその規模を縮小せずに続けられます（これを，**単純再生産**といいます）。

　回収した資金が全部（G'の全部。つまり，最初の投資額に利益を加えたもの）が営業活動に**再投資**されるならば，営業の規模はさらに大きくな

ります（これを，**拡大再生産**といいます）。

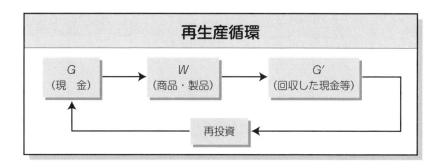

　商品とか**原材料**は，仕入れ・製造→販売→資金の回収という営業循環を短期間のうちに繰り返します。これ以外の，建物，機械，土地などに投下された資金は，こうした連続的な資金の循環はしません。

　会計では，連続的な取引が行われる資産かどうか，言葉をかえていいますと，**通常の営業循環をする資産**かどうかで，資産を2つのグループに分けます。営業循環をするグループの資産は「**営業循環資産**」，それ以外の資産は「**非営業循環資産**」と呼ばれます。

営業循環基準

　企業会計原則では，この**営業循環の過程にある資産（負債）を，流動資産（流動負債）**とすることにしています。この循環過程にある資産（負債）は，たとえ，現金化されるのに1年を超えることが予想されても，すべて流動資産（負債）に分類・表示するのです。これを「**営業循環基準**」と呼んでいます。

営業循環基準は，**営業資金の循環に着目したもの**です。すなわち，営業活動から生じる資産（棚卸資産，売掛金，受取手形）と負債（買掛金，支払手形）は，**その企業に固有の資金循環**を表現しており，資産側と負債側は，時間的に同じような循環をすると考えられます。

製造・販売する製品が2年間を循環期間とするとしましょう。原材料を購入し，これを加工し，製品として販売して資金を回収するまでに2年を要するわけです。高級なウィスキーとか焼酎をつくる会社や林業を営む会社が該当します。そうしますと，**営業に必要な資金のアウトフロー（支出）**が2年にわたって行われ，**資金のインフロー（収入）**も2年かかる，と考えるのです。こうした企業では，営業にかかわる資金収支は，2年を単位としてマッチングするはずです。

そこで，その企業の**本業（主たる営業）から生じる資産**（売掛金，受取手形）とその**営業から生じる負債**（買掛金，支払手形）は，その企業に固有の資金循環内にあるものとして，すべて流動の区分に入れるのです。したがって，同じ種類の資産でも，企業によって流動資産とされたり，固定資産とされたりすることになります。

例えば，一般の企業は所有する土地を固定資産として分類しますが，**不動産業者が販売を目的として所有する土地は流動資産**（棚卸資産）となります。

1年基準（ワン・イヤー・ルール）

　非営業循環資産（負債）には，1年基準が適用されます。この基準では，期首から数えて1年以内に現金化されるとみられる資産は流動資産に，現金化するのに1年を超えるとみられる資産は固定資産とするのです。

　そのように分類することによって，この1年間における資金繰り状況を読み取れるようにしようというのです。**1年以内の資金インフローがそのアウトフローよりも多いか少ないか**は，経営者にとっても重要な情報ですが，その企業に財産を預けている投資家にしてみたら，何ものにも代え難い重要な情報であろうと思います。

　営業循環基準と**1年基準**の特徴は，耐用年数が1年未満となった固定資産や余剰品として長期間にわたって保有する棚卸資産の扱いに表れています。

　企業会計原則では，**固定資産はあくまでも固定資産，棚卸資産はあくまでも流動資産**という立場から，「残存耐用年数が1年以下となったものも流動資産とせず固定資産」に，また，「たな卸資産のうち恒常在庫品として保有するもの若しくは余剰品として長期間にわたって所有するものも固定資産とせず流動資産」に分類します（注解・注16）。

　なぜ，営業循環基準と1年基準という2つの基準を用意して，資産（負債）を流動と固定にわけるのでしょうか。それは，上にも述べましたが，企業の**債務弁済能力**を見たいからです。具体的には，**流動比率**を計算したいのです。

借金の返済能力をみる指標

流動比率 = $\dfrac{流動資産}{流動負債} \times 100$ (%)

　流動比率は，企業が**借金を返済する能力**をどの程度備えているかを判定するさいのもっとも重要な指標で，そこで算式の分子・分母となる流動資産・流動負債の範囲を決める必要があるのです。

　なお，上に紹介した営業循環基準とよく似た基準に，「**正常営業循環基準**」というのがあります。アメリカの会計研究公報第43号が採用している基準です。この基準によりますと，「**正常な**」営業循環の期間内に現金化されると期待できる資産を流動資産とし，この期間を超えて資金が現金化されるものは，固定資産とするのです。ただし，通常の商品売買業や製造業では，$G \to W \to G'$ の循環をするのに，短ければ数か月しかかからないこともあります。そういう場合には，**1年基準**を適用します。

　わが国の**営業循環基準**では，こうした「**正常な営業循環の期間**」は考えられていません。あくまでも**営業循環の過程にある資産ならすべてを流動資産とする**のです。上の注解・注16における棚卸資産の扱いは，そのことをよく示しています。

　注解・注16では，**破産債権**，**更正債権**，**再生債権**などで1年以内に弁済を受けることができないものを固定資産（投資等）に区分することが指示されています。これは，営業上の債権であっても，営業循環から外れたものは1年基準を適用することを指示したものです。

CHAPTER 8

資産の評価基準

♣ GUIDANCE

　取得原価主義会計では，通常，資産を評価することはありません。取得原価主義会計は，原則として資産を再評価しないシステムだからです。

　しかし，取得原価主義会計でも，期末の資産にあてはまる金額を決めることを「資産の評価」と呼びます。ただし，この場合においても，資産を時価で評価するということではなく，資産の取得原価を，当期中に費消した部分と，未費消のまま次期に繰り越される部分とに分ける作業を指して「資産の評価」というのです。

　なかには，低価基準のように，期末に時価評価するかのごときものも見受けられますが，取得原価主義会計では，あくまでも，資産を評価するのではなく，資産の原価を期間配分するのです。

取得原価主義会計の本質

取得原価主義会計とは，原則として資産の再評価を行わないシステムをいいます。ただし，取得原価主義会計といっても，厳密に「取得原価」にこだわるものではなく，**低廉取得資産**（市価よりも低い価格で取得）や**無償取得資産**（例えば，贈与による取得）については，**公正な価値で評価して貸借対照表に掲記**しますし，その価額を取得原価とみなした減価償却も行います。

かつては，無償取得資産ならば取得原価はゼロであるから**簿外におく**（帳簿に載せない）という処理をした時期もありました。しかしそれは原価主義という言葉にとらわれすぎた扱いであり，また，**現金をただでもらったときには簿外にはおけない**ということもあって，今日では上のような処理をします。

取得原価の意味

固定資産のように，取得後に減価償却される資産のことを考えますと，ここで**取得原価**とは，「**取引価額以下**」といったほうが適切でしょう。有形固定資産や無形資産を取得すれば，取得の時点では取得原価に基づいて記帳されても，その後は**償却後の価額で貸借対照表に記載**されます。償却後の記帳価額は，資産を再評価した金額という意味ではなく，取得原価を当期の原価（費用）と次期以降の原価に配分したときの，**次期へ繰り越す原価**という意味です。投資した原価をまだ回収していない部分です。

さらにまた，棚卸資産の原価配分や総合償却を考えますと，「**個々の資産の原価**」というよりも，「**資産の集合体における原価**」であるとか「**資産の平均価格としての原価**」が想定されていることもあります。

例えば，棚卸資産の原価配分には，しばしば平均法が使われます。100円で仕入れた商品と120円で仕入れた商品がそれぞれ10個ずつあるとしたとき，10個が売れたとしますと，売上原価は，平均法では110円（単価）となります。しかし，現実には110円で仕入れた商品は存在しないのです。ここでは，「**資産の平均価格としての原価**」が想定されているのです。

▶ **再評価を行わないシステム**

そういう意味からして，**取得原価主義会計**というのは，冒頭に指摘しましたように，**原則として資産の再評価を行わないシステム**ということができるでしょう。

原価主義会計は，取得原価をもとに減価償却をしたり，平均価格としての原価を計算したり，購入副次費を原価に算入したり，原価をベースとした処理が行われます。

そうした処理を適切に行うには，原価そのものと取得後の原価の処理が記録されていなければならないのです。**原価主義会計は，経済取引を記録するシステムを前提にしている**のです。

資産評価の基準

貸借対照表に記載する資産の金額（これを**価額**といいます）を決めることを、「**資産の評価**」といいます。資産の評価基準には、大きくわけて、**原価基準**と**時価基準**があり、さらに**原価基準のサブ基準**として**低価基準**があります。それぞれの基準が適用されるとき、**原価評価、時価評価、低価評価**という表現が使われます。以下、この3つの評価基準を簡単に説明します。

(1) 原価基準

資産を取得（購入や製作）したときの**対価**（支払った金額）を取得原価といいますが、貸借対照表に記載する金額を、基本的にこの取得原価とする方法を**原価基準**とか**原価主義**といいます。会社法や企業会計原則など、わが国の会計制度はこの原価基準を原則としています。

無償取得資産（タダでもらった資産）や**低廉取得資産**（市場価格より安い価格で取得した資産）の評価については、上に述べたとおりです。

(2) 時価基準

商品や製品の場合、その時価には、**購入市場**（商品なら卸売市場）の価格と**販売市場**（商品なら小売市場）の価格があります。仕入れ値と売値です。有価証券や不動産の場合は市場が1つしかないので、時価も1つです。

こうした市場価格によって貸借対照表の金額を決める方法を、**時価基準**または**時価主義**といいます。企業を経営する人たちにとっても、その企業に投資している人たちにとっても、資産の時価は、非常に重要な情報です。

しかし，資産の時価が原価よりも高いときに，時価基準で資産を評価しますと，「**評価益**」が計上されることになります。評価益は，一般に，**利益としての確実性が劣る**ため，その計上には慎重な扱いが必要になります。こうした評価益は，利益として実現していない（確実になっていない）ことから「**未実現利益**」と呼ばれています。資産価額を上回る価値があるということから「**含み益**」ともいわれます。

時価基準は，企業が安全に経営を続けているとき（こうした企業を，**継続企業**とか，**ゴーイング・コンサーン**といいます。コンサーンとは，事業のことです）の評価基準としては採用されることは多くなく，企業の**解散**や**合併**などのときにだけ適用されます。

なお，わが国でも，最近，有価証券をはじめとする金融商品に，時価基準を適用することになりました。このことについては，次の章で，詳しく述べます。

また，**時価の種類**についても，低価法について述べるときに紹介します。

(3) 低価基準

資産の購入後，その資産の時価が，取得原価を下回るようになることがあります。100円で商品を仕入れたところ，その後，時価が80円になってしまったようなケースです。このような場合，差額の20円を「**含み損**」と呼びます。こうした場合，損失としては「**発生した**」と考えられても，金額が確定していないので，「**未実現損失**」ともいいます。

こうしたことから明らかなように、会計では、「発生」という概念を、かなり抽象的・理念的な概念として考えています。それに対して、「実現」という概念は、より具体的な、金額的にも事象の必然性にも、確実性を求める概念であるといってよいでしょう。金額がはっきり決まらないことは「実現」には含められませんし、後で取り消される可能性が高い場合も、「実現」とはみなされません。

▶ 歴史的事実か現在価値か

もし、企業が原価基準を採用していますと、貸借対照表には資産価額が100円と書かれます。100円と書くのは、**歴史的事実を示す**という意味では正しいのですが、**資産の現在価値を示す**という意味では問題があります。

会計が、時価基準を原則的に採用しないのは、「**含み益**」という**未実現の利益**を損益計算書に計上しないためでした。利益の計上には、慎重なのです。

ところで、**未実現の損失**（まだ確定していないが発生すると予想される損失）は、できるだけ早く計上するのが、同じく慎重な態度といえます。そこで、取得原価と時価を比較して、時価が低いときは、時価をもって資産の評価額とするという方法が採られることがあります。これを、**低価基準**とか**低価主義**と呼んでいます。

わが国では、商品・製品などの棚卸資産に低価基準が適用されます。

低価基準については、CHAPTER 11で詳しく検討します。

CHAPTER 9

金融商品の分類と評価

♣ GUIDANCE

　1999年に,「金融商品に係る会計基準」が公表され,有価証券を含む金融商品が,原則として,時価評価されることになりました。

　この基準でいう「金融商品」には,現金預金,受取手形・売掛金・買掛金などの金銭債権債務,有価証券,デリバティブ取引により生じる正味の債権債務等が含まれます。

　ここでは,金融商品全体を取り扱うのではなく,金融商品の中心となる有価証券について,その分類基準と評価基準を紹介します。

　なお,資産の評価については,企業会計原則に具体的な基準が明記されていますが,金融商品に関しては,原則として金融商品基準が優先して適用されることになっています。

　ただし,それは,金融商品取引法が適用されるような大規模会社だけの話であり,これが適用されない中小会社は,会社法の評価基準に従うことになります。

有価証券の範囲

最近では,「有価証券」に代えて,「金融商品」という表現が使われるようになりました。両者は,次表のような違いがあります。以下では,金融商品の大部分を占める有価証券について,分類と評価の基準を紹介します。

有価証券というのは,私法上の財産権を表彰する証券で,その権利の移転が証券によってなされるものをいいます。これには,**手形,小切手,貨物引換証,商品券,株券,債券**などが含まれます。

「有価証券」と「金融商品」

「証券取引法」を衣替えした「金融商品取引法」では,「有価証券」という用語と「金融商品」という用語を使い分けています。

金融商品取引法では,旧・証券取引法でいう「有価証券」よりも幅広く「投資商品」を含めたものを「有価証券」と呼んでいます。

「金融商品」はさらに幅広く,一定の「預金契約」,「通貨」をも含むものとして定められています。

金融商品の主なものは,次のとおりです。
・現金,預金
・受取手形,売掛金,買掛金
・有価証券
・デリバティブ取引により生じる債権・債務

会計上の有価証券は，これより範囲が狭く，**国債証券**，**地方債証券**，**社債券**，**株券**，**新株予約権証券**，**証券投資信託や貸付信託の受益証券**，あるいは，これらと類似するものなどに限定されます（金融商品取引法第2条1項，意見書Ⅲ・一・1）。

法律上の有価証券と会計上の有価証券

法律上の有価証券	会計上の有価証券
私法上の財産権を表彰する証券 〈例〉 手形，小切手，商品券，株券・債券	〈例〉 株式，社債，国債，地方債

有価証券の分類

有価証券の分類には，(1)貸借対照表上の分類と，(2)評価のための分類，の2つがあります。

▶ 貸借対照表上の分類

有価証券は，貸借対照表上，**流動資産の部に「有価証券」**として記載されるものと，**固定資産の部の「投資その他の資産」に「投資有価証券」**として記載されるものがあります。

流動資産の部に掲げる有価証券

(A) 時価の変動により利益を得ることを目的として保有する有価証券（売買目的有価証券）

(B) 1年内に満期の到来する社債その他の債券（市場価格の有無を問わない）

固定資産の部（「投資その他の資産」）に掲げる有価証券

(C) 上記(A)(B)以外の有価証券
- 子会社株式
- 関連会社株式
- 満期保有目的債券（上の(B)を除く）

その他有価証券（市場価格の有無を問わない）

　最後の「**その他有価証券**」の主なものは、「**持ち合い株式**」です。

　有価証券は、**非営業循環資産**ですから、流動・固定分類に営業循環基準ではなく**1年基準**を採用しています。1年以内に現金化されると考えられる有価証券は、流動資産に区分され、それ以外は固定資産に区分されます。ただし、1年内に現金化を予定しているものであっても、市場性が小さいものは固定資産に区分されます。1年基準を単純に適用しているわけではありません。

CHAPTER 9 金融商品の分類と評価

KEYWORD

営業循環	（製造業のケース）原材料を仕入れ→製品に加工し→これを販売→代金を回収→回収した資金で再び原材料を仕入れる，といった一連の，繰り返し行われる企業活動をいう。 この循環の中にある資産を**営業循環資産**あるいは**営業資産**といい，すべて流動資産とする。これ以外の資産を非営業循環資産といい，1年基準が適用される。

　こうした区分によって，貸借対照表上，**流動負債の返済財源として使える有価証券**（流動資産に区分される）と，返済財源としてカウントできない有価証券（投資有価証券。固定資産に分類される）に分けるのです。

▶ 有価証券の所有目的

　ただし，有価証券のうち，**債券**のように満期があるものは分類が簡単ですが，**株式**などの有価証券は，満期とか償還期限などがありません。そこで，流動資産と固定資産に分けるときに，**企業の所有目的**を考慮します。上に書いたように，「時価の変動により利益を得ることを目的として所有する有価証券」は，**キャピタル・ゲイン**（値上がり益）を狙って保有するものですから，短期間のうちに売却することを予定しているはずです。

▶ 子会社株式

　他方，**子会社株式**や**関連会社株式**のように，他企業との人事，資金，技術，取引などの関係を通じて，営業方針や財務をコントロールする目的を持って保有されるものもあります。これらの株式は，売却を予定していませんから，**固定資産**に含められます。

▶ 持ち合い株

　また，企業集団内で株式を持ち合ったり（**持ち合い株**），取引を円滑に行うために政策的に取引先の株式を保有（**政策投資**）したり，当面は売却を予定していないが，株価の変動によっては売却することも想定される有価証券を保有することもあります。こうした有価証券は，いくら市場価格があっても，無条件で流動負債の返済財源とすることはできませんから，**固定資産**に含めます。

▶ 有価証券の市場価格

　有価証券には，**市場価格のあるもの**と**市場価格のないもの**があります。**市場価格**とは，「**市場において形成されている取引価格，気配(けはい)又は指標その他の相場**」のことで，時価を算定する基礎としています。

▶ 市場価格のない有価証券

　「**市場価格のない有価証券**」は，市場で活発に売買が行われているものではありませんので，必要に応じて売却することができませんし，そうした目的で保有しているわけではありません。したがって，流動負債の返済に充てることができませんから，原則として，**固定資産**に含めることになります。

▶ 社　債

　ただし，基準では，社債などの**債券**については，「**市場価格**」があるかどうかに関係なく，「**1年内に満期の到来する債券**」は**流動資産**に属するものとしています。市場価格がなくても，1年内に満期が到来して現金化（社債を発行した会社が満額を支払ってくれる）されるために，流動負債の返済財源とすることができるからです。

KEYWORD

持ち合い株(式)	法律上の定義などはない。一般に，グループ内の企業同士が，お互いの発行株式を持ち合うものをいいます。取引関係を維持するために保有するケース，合併や系列化を視野にいれて保有するケース，乗っ取りを予防するために保有するケースなど，目的は様々です。
子会社株式	複数の会社が支配する会社とそれに従属する会社の関係（支配従属関係）にあるとき，従属的な立場にある会社を子会社，支配的地位にある会社を親会社といいます。子会社株式は，この子会社が発行している株式です。後述するような理由から，**原価で評価**します。
関連会社株式	議決権の20％以上，50％以下を所有しているなど，「他の会社（子会社を除く）等の財務，営業，事業の方針の決定に対して重要な影響を与えることができる場合」における当該他の会社を関連会社といいます。この関連会社が発行している株式を関連会社株式といいます。後述するように，**原価で評価**します。
満期保有目的債券	企業が債券の満期まで保有することを目的としていると認められる社債その他の債券をいいます。時価を算定することができるものであっても，満期まで保有することによる約定利息及び元本の受取りを目的としており，満期までの間の金利変動による価格変動のリスクを認める必要がない（「金融商品に係る会計基準の設定に関する意見書」）として，**取得原価**または**償却原価法による価額**をもって貸借対照表に記載します。

評価のための分類

上に紹介したのは，貸借対照表における分類でした。分類の基準は，流動負債の返済財源として使えるかどうか，でした。

有価証券を評価する場合には，これとは違った，次のような分類をします。主として所有目的による分類です。

所有目的による有価証券の分類
(A)　売買目的有価証券
(B)　満期まで保有する目的の債券
(C)　子会社株式および関連会社株式
(D)　(A)−(C)以外の有価証券（その他有価証券）

▶ 市場価格の有無による分類

評価を目的にする分類では，上の所有目的別分類をした上で，さらに，「市場価格がある有価証券」と「市場価格のない有価証券」という区別をします。市場価格があるかないかは，有価証券を時価評価する上で，非常に重要な要素です。「市場性がある」ということは，短期間のうちに売却することができ，借金の返済や新しい事業に投資できるということです。市場性の有無による分類といってもいいでしょう。

この分類によると，**売買目的有価証券**は「時価の変動により利益を得ることを目的として保有する」ものですから「**市場価格がある**」グループに入ります。あとの(B)-(D)の有価証券には，「市場価格がある」ものも「市場価格がない」ものも含まれています。

以上の分類を整理しておきます。有価証券は，それを評価する目的では，「**市場価格の有無**」と「**所有目的**」という2つの基準で分類されます。

有価証券の分類と評価

(A) **市場価格のある有価証券**（時価評価。売却すれば借入金の返済などに使える）
 ・売買目的有価証券
 ・満期保有目的の債券
 ・子会社株式および関連会社株式
 ・その他有価証券

(B) **市場価格のない有価証券**（時価評価できない。売却できないので借入金の返済などに使えない）
 ・満期保有目的の債券
 ・子会社株式および関連会社株式
 ・その他有価証券

分類の基本的な考え方は，時価がわかるものと，時価がわからないものに分けて，前者を**時価評価**の対象とします。ただし，そうはいっても，時価（市場価格）がわかるものをすべて時価評価するわけではありません。

有価証券の分類と評価が複雑なのは，**有価証券の所有目的と市場性（流動性）**という2つの基準を組み合わせて使うからなのです。

市場価格のある有価証券の評価基準と評価差額の処理

　最初に，市場価格がある有価証券の評価基準を見てみましょう。市場価格があるということは，時価評価ができるということです。借入金の返済の財源とすることができると考えられています。

(1)　売買目的有価証券

　短期的な売買を目的として保有する有価証券は，基準によると，「時価をもって貸借対照表価額とし，評価差額は当期の損益として処理する」とされています。

　ここでは，市場価格のある有価証券などの金融商品は，「一般的には，市場が存在すること等により客観的な価額として時価を把握できるとともに，当該価額により換金・決済等を行うことが可能」と考えられています。

(2)　満期保有目的の債券

　基準では，「企業が満期まで保有することを目的としていると認められる社債その他の債券」は，市場価格（時価）があるものであっても時価評価せず，取得原価を貸借対照表価額とするとしています。ただし，債券を債券金額よりも低い価額か高い価額で取得したときは，その差額の性格が金利の調整と認められる限り，償却原価法に基づいて貸借対照表価額を決めるとしています。

　時価で評価しないのは，「満期まで保有することによる約定利息及び元本の受取りを目的としており，満期までの間の金利変動による価格変動のリスクを認める必要がない」からだと説明されています。

償却原価法については，基準の注5で，次のように説明されています。

償却原価法

「償却原価法とは，金融資産又は金融負債を債権額又は債務額と異なる金額で計上した場合において，当該差額に相当する金額を弁済期又は償還期に至るまで毎期一定の方法で取得価額に加減する方法をいう。なお，この場合，当該加減額を受取利息又は支払利息に含めて処理する。」

---

(3) 子会社株式および関連会社株式

これらはすべて，**取得原価をもって貸借対照表価額**とします。

英米では，子会社が必要とする資本は親会社が用意しますが，わが国では，**子会社を上場(じょうじょう)して，証券市場から子会社の資本を集める**ということが行われます。英米流の「資本の論理」からすれば説明がつかないことですが，わが国では子会社を上場させると，親会社の箔(はく)がつくと考えているようです。

子会社株式でも，このように市場価格があるものもあります。しかし，基準では，**子会社株式**は，市場価格があっても**取得原価**で評価するとしています。

(4) その他有価証券

基準では，以上の有価証券（売買目的有価証券，満期保有目的の債券，子会社株式および関連会社株式）以外の有価証券を，「**その他有価証券**」と呼んでいます。

▶ 持ち合い株

　その他有価証券の大部分は，グループ内の企業同士による**持ち合い株式**です。取引関係を維持するために保有するケースや，合併や系列化を視野に入れて保有するケースもあります。基準では，「**市場動向によっては売却を想定している有価証券**」も，このグループに含まれるとしています。そういう条件をつけると，すべての有価証券が該当するともいえますが。

　その他有価証券のうち，**市場価格があるもの**は，「市場が存在すること等により客観的な価額として時価を把握できるとともに，当該価額により換金・決済等を行うことが可能」であるとして，**時価**をもって貸借対照表価額とします。

▶ 評価差額の扱い

　ところが，**時価評価したときの評価差額**については，かなり変則的な処理を求めています。**評価損益**を，原則として，当期の損益とせず，**純資産の部に記載**するのです。

　なぜ，当期の損益としないのかについて，意見書は，「その他有価証券については，事業遂行上等の必要性から直ちに売買・換金を行うことには制約を伴う要素もあり，評価差額を直ちに当期の損益として処理することは適切ではない」としています。

　時価評価を求めるときには，「時価により換金・決済が可能」といっていますが，評価差額の取扱いでは，「直ちに売買・換金を行うことには制約を伴う要素」があるので，当期の損益とはしない，というのです。時価評価はするが，評価益は利益とは認めないということです。「灰色の時価主義」，あるいは，「時価主義もどき」といってもいいのではないでしょうか。

「その他有価証券」の評価差額は，原則として，**純資産の部**に，他の剰余金と区分して記載します。また，この評価差額は，毎期末の時価と取得原価を比較して算定されます。いわゆる，**洗い替え方式**を取ります。**純資産の部に記載する理由**と，**洗い替え法を取る理由**は，何なのでしょうか。

純資産の部に記載する理由

純資産の部に記載させるという考えは，評価益が出ることを前提にしているといえます。「その他有価証券」全体の評価差額がマイナスになったときには，何らかの**資本項目から控除**するしかありません。この場合の処理については，基準には定めがありません。

そうした事態を想定してのことかどうかはわかりませんが，基準では，原則的な処理に代えて，次のように，**評価差額の一部を損益計算書に計上**することも認めています（**例外的処理**）。

> 「時価が取得原価を上回る銘柄に係る評価差額は純資産の部に計上し，時価が取得原価を下回る銘柄に係る評価差額は当期の損失として処理する。」

簡単にいうと，評価益は純資産の部に記載し，評価損は損益計算書に損失として記載するというのです。「ある項目が，プラスなら資本の増加，マイナスなら資本の減少」，あるいは，「ある項目が，プラスなら利益，マイナスなら損失」というのであれば筋が通りますが，プラスなら資本，マイナスなら損失というのは，うまく筋道を説明できるでしょうか。

意見書は，例外的処理を認める理由を次のように説明しています（第80項）。

> 「企業会計上，保守主義の観点から，これまで低価法に基づく銘柄別の評価差額の損益計算書への計上が認められてきた。このような考え方を考慮し，時価が取得原価を上回る銘柄の評価差額は純資産の部に計上し，時価が取得原価を下回る銘柄の評価差額は損益計算書に計上する方法によることもできることとした」

意見書がいいたいことは，こういうことではないでしょうか。これまでも有価証券については，**低価法を銘柄別に適用**しており，評価損が出るものは評価損を計上し，評価損の出ない銘柄は原価評価して，含み益を温存してきました。そこで，これからも，「その他有価証券」については，銘柄別に，評価益が出るものと，評価損が出るものに分けて，評価益が出るものは，原則的な処理（純資産の部に計上して含み益を温存する），評価損が出るものは，低価法と同じ扱い（損失計上）とします。

▶ 実現，実現可能，未実現

基準には書いてありませんが，全体のトーンとして，「その他有価証券」に係る評価益を，「実現」した利益でもなく，「実現可能」な利益でもなく，「未実現利益」と考えているようです。

有価証券の売却益は，「**実現利益**」です。当然に，当期の損益計算書に記載されます。まだ売ってもいないけれど，「**売買目的の有価証券**」に係る評価益は，「実現可能」として当期の利益に計上されます。「実現」した利益も「実現可能な」利益も，その期の損益計算書に計上されるのです。ところが，「その他有価証券」に係る評価益は，**純資産の部に記載**される

というのですから,「実現」した利益でもなければ,「実現可能な」利益でもないと考えているようです。会計的には,「未実現利益」としてしか説明がつかないのではないでしょうか。

洗い替え法を採る理由

「その他有価証券」の評価差額は,原則的処理（純資産の部に評価損益を記載）を取っても**例外的処理**（評価益は資本,評価損は損失として処理）を取っても,**毎期末の時価と取得原価との比較により算定する**「洗い替え法」が採用されます。

評価差額の会計処理には,洗い替え法の他に,「切り放し法」があります。最初に次頁の2つの方法を図解したものを見て下さい。

洗い替え法は,期末に評価益・評価損を計上し,資産価額を変更しても,**翌期首には資産価額を元に戻し,評価益・評価損を戻し入れる**（取り消す）ものです。

なぜ,いったん計上した評価益や評価損を戻し入れるのでしょうか。理由は,意見書によれば,「**その他有価証券の評価差額は毎期末の時価と取得原価との比較により算定することとの整合性**」を取る必要があるからだといいます。しかし,「なぜ,評価差額を時価と取得原価を比較して算定するのか」については説明がありません。評価差額なら,期末の簿価（帳簿価額）と時価を比較して算定することだってできるのですが。

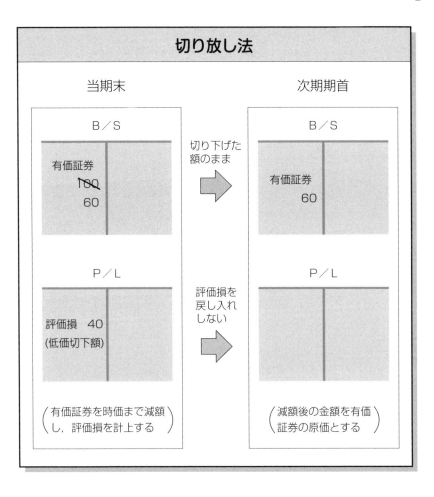

▶ シンデレラのバランスシート

　洗い替え法は、毎期末に時価評価して、期末のバランスシートに時価を記載し、翌期の期首バランスシートでは元の取得原価に戻すものです。時価評価されたバランスシートの寿命は、決算日（普通は、3月31日）だけということになります。まるで、**シンデレラのバランスシート**ではないでしょうか。

　こうした説明のつかない処理をするのは、**時価評価するという結論**が先にあって、その結果出てくる**評価差額**が、「**実現**」してもいないし、「**実現可能**」とも見ることができないからであると思われます。

　洗い替え法を使うと、翌期に時価が反対方向に動けば、当期に計上した評価差額がその分だけ帳消しになります。つまり、なかったことにしてくれるのです。

　「**実現**」したとも、「**実現可能**」ともいえない評価益を計上するのは弊害が大きいので、苦肉の策として、弊害を最小にするために、**洗い替え法**を採用しているのです。もちろん、基準にも意見書にも、そうは書いてありませんが。

▶ 社債の評価

　社債については、**市場価格のあるもの**は、これまでと同じく、**強制評価減**の対象となります。**市場価格のない社債**は、株式と違って**実質価額**（1株当たりの純資産額など）はありませんから、「**相当の減額**」は適用されません。この場合には、企業会計原則注解・注22による評価が適用され、社債を取得原価で評価することができます。

社債金額と取得原価との差額があれば，これを逐次貸借対照表価額に加算または貸借対照表価額から減算することもできます。差額があれば，これを満期に向けて一定の方法で加減するのが期間損益を適正にすることになるのですが，企業会計原則は，それを強制せずに，任意としています。

　その理由としては，これまで，非常に多種の社債を保有している企業にとって，毎期，社債ごとに増減額を計算することが煩雑で，計算コストがかかりすぎるということがいわれてきました。しかし，今日では，コンピュータが普及して，こうした計算も瞬時に，コストなしでできます。企業会計原則にどう書いてあろうと，今では，差額があれば，毎期貸借対照表価額を増減するべきであろうと思われます。

　以上が，（市場価格のある）有価証券の評価と評価差額に関する規定です。長くなりましたので，要点をまとめておきます。

論点整理

- **売買目的有価証券**
  時価評価。評価差額は，当期の損益とする。
- **満期保有目的の債券**
  原価評価。債券金額との差額は償却原価法により調整。
- **子会社株式・関連会社株式**
  原価評価。
- **その他有価証券**
  時価評価。評価差額は，原則として，資本の部に計上。ただし，評価益は純資産の部に，評価損は損益計算書に計上する方法も認める。

市場価格のない有価証券

「売買目的有価証券」と「その他有価証券」は、時価をもって貸借対照表価額とします。ただし、「その他の有価証券」のうち、**市場価格がなく客観的な時価を把握することができないもの**については、

> (1) 社債その他の債券の貸借対照表価額は、債権の貸借対照表価額に準ずる。
>
> (2) 社債その他の債券以外の有価証券は、取得原価をもって貸借対照表価額とする。

とされています。

債券については、「**債権**」の評価に準じる、というのですが、ここで「**債権**」とは、受取手形、売掛金、貸付金などをいいます。

債券と債権

同じ「サイケン」と発音するので紛らわしいですが、次のように使い分けます。
- 債券……国、地方公共団体、企業などが資金調達のために発行する有価証券。国債、地方債、社債など。
- 債権……債務の対義語。受取手形、売掛金、貸付金など。債権を債券の形で証券化することを「債券化」といいます。

債権の貸借対照表価額は、「取得価額から貸倒引当金を控除した金額」とされています。

ただし、債権を債権金額より低い価額または高い価額で取得した場合において、「**取得価額と債権価額との差額の性格が金利の調整と認められるとき**」は、償却原価法に基づく価額から貸倒引当金を控除した金額とします。

したがって、**市場価格のない社債その他の債券**は、**取得原価または償却原価法による価額**が貸借対照表価額となります。

強制評価減と相当の減額

次の有価証券については、**強制評価減**または**相当の減額**が適用された後は、評価減後の金額が新しい取得原価となります。

評価減後の金額が新しい取得原価となる有価証券

・満期保有目的の債券（原価評価）
・子会社株式および関連会社株式（原価評価）
・その他有価証券で市場価格のあるもの（洗い替えによる時価評価）

満期保有の債券や**子会社株式**は、原価評価が原則ですから、時価や実質価額が著しく下落した場合には**強制評価減**するのは従来と変わりません。

▶ 強制評価減は洗い替えしない

ところが，その他有価証券は，原価評価ではなく，**洗い替え法による時価評価が採用**されています。時価や実質価額が著しく下落した場合にも洗い替え法を適用しますと，回復の見込みがない損失が発生しても，翌期首には取得原価まで戻されます。そうすると，翌期首の貸借対照表には，**「回復する見込みがあると認められない」**損失までもが資産として計上されてしまうことになります。それを避けるために，**強制評価減や相当の減額をした後は，それらを新しい取得原価とする**のです。

有価証券の分類と評価は，以上に見たように，非常に複雑です。しかも，**「実現可能性のある評価差額」**も**「未実現の評価差額」**も，ともに貸借対照表の純資産の部に記載する一方，前者の評価差額は当期の損益に，後者の評価差額は，原則として，純資産の部に記載するという，ちぐはぐな処理をしなければなりません。

会計の世界では，このところ時価主義的傾向が強くなってきていますが，時価主義にはいろいろな問題や弊害があります。そうしたことに関心があれば，次の本を読んでみてください。

田中　弘著『時価主義を考える（第3版）』中央経済社

田中　弘著『時価会計不況』新潮新書

田中　弘著『不思議の国の会計学』税務経理協会

田中　弘著『複眼思考の会計学』税務経理協会

田中　弘著『会計学はどこで道を間違えたのか』税務経理協会

CHAPTER 10
棚卸資産の原価配分

♣ GUIDANCE

　棚卸資産は，商品とか製品，原材料などですから，在庫を確認することもできますし，在庫が生産活動や販売によって減少する状態も，目で確かめられます。

　売れた商品と在庫として残っている商品は，目で確かめられるのですが，問題は，その原価です。

　売れた商品の原価を確かめるのは，簡単ではありません。例えば，期首に，1リッター500円で仕入れた油が100リッターあったとしましょう。期中に，1リッター600円で100リッター仕入れたとします。同じ種類の油ですから，同じタンクに保管したとしましょう。

　期中に，この油を半分，100リッター販売したとします。では，売ったのは，500円の油でしょうか，600円の油でしょうか。油ですから，きっと，500円の油と600円の油は，タンクの中で混じり合ったと思います。500円のでもない，600円のでもない，油だけではなく，原価までもがミックスされたものが売られたと考えるしかないようです。

　棚卸資産の原価配分は，資産の流れが目に見えるということではやさしいのですが，実際には，モノの流れだけでは決められず，コストの流れを仮定しなければならないのです。

棚卸資産の特徴

　販売のために保有する商品・製品，販売を目的として費消される原材料や製造中の**仕掛品**などを総称して，**棚卸資産**といいます。

　販売活動や一般管理活動において短期的に費消される資産，例えば，**事務用消耗品**なども含められます。工場で使う事務用消耗品や製品の包装用品は製品に**化体**（形を変えて他のものになること）しますから，棚卸資産とされます。

　また，販売部門や管理部門で使う消耗品や包装用品は，製品には化体しませんが，「**短期的に費用化される**」ために，棚卸資産とされるのです（連続意見書第４）。

　こうした資産は，通常，期末に**実地棚卸**を行って有り高を確認することから，「棚卸」資産という名称がつきました。

　上にも述べましたが，一般の事業会社が所有する土地や建物は固定資産ですが，不動産の売買を業とする企業が**販売目的**で**保有する土地や建物**は，ここでいう販売目的所有ですから，**棚卸資産**に分類されます。

　棚卸資産の原価配分は，商品や原材料などの棚卸資産の原価（取得原価，製造原価）を，販売・費消などによって**当期に配分される部分**と，手元に残って**次期に配分される部分**とに分けることをいいます。

通常，棚卸資産は期中に何回かに分けて購入・製造されます。購入日・製造日が違うと，**購入原価（仕入原価）・製造原価**も違うことが多いでしょう。同じ物品を異なる原価で取得し，これを期中に販売・費消したとき，どの原価のモノが販売・費消され，どの原価のモノが在庫として残っているかを判別することは必ずしも簡単ではありません。

　取り扱い商品が，高額の宝石・貴金属類であったり，価格がばらばらな医療器具などであれば，個々の商品ごとに原価の記録が残されるでしょうが，日用品や雑貨，食品などの，単価の小さい商品を大量に扱う小売商や百貨店などでは，同じ日の，同じ店頭に，仕入れ値が違う商品が並ぶことが当たり前です。

　こうした多量・少額の商品を扱う場合，個々の商品に仕入れ値をマークしておくこともできません。顧客が，そのうちのどの商品を選択するかも不明です。いつも，安い仕入れ値の方から売れるわけでもなく，いつも仕入れ順に売れるわけでもありません。

モノの流れとコストの流れ

そこで、会計（学）では、棚卸資産について、一定の「モノの流れ」を仮定して、**販売・費消した部分**と**未販売・未費消の部分**とに原価を配分することにしています。

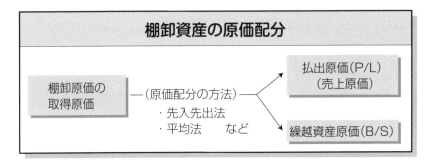

そのさい、商品や原材料などの棚卸資産は、元来、**モノの流れとコストの流れが一致**することを想定して原価配分が行われてきました。モノ（商品や原材料）には、1つずつコスト（例えば、仕入原価や製造原価）という属性があり、モノが**先入先出的**に流れるときは、**コストもモノに付着して先入先出的に流れる**とみなして原価配分されるのです。

(1) 先入先出法（さきいれさきだしほう）

大量販売される少額の商品は、**先に仕入れたモノから順番に販売**されます。生鮮食品を考えてみれば、しごく当たり前のことであることがわかるでしょう。衣料品なども、流行遅れにならないように、店頭に長く置いて汚れたりしないように、仕入れた順番に販売されるように工夫します。

ここでは，モノは「先入先出」的に流れるのです。そこで，売上数量を計算するときも，売上原価を計算するときも，先に仕入れたモノの原価から順番に売り上げた原価に算入していきます。

先入先出法の仮定

（仮定） モノとコストは，仕入（製造）の順番どおりに流れる

仕入・製造の順番　　　　　　　販売・費消の順番

モノ5	モノ4	モノ3	モノ2	モノ1
(コスト)5	(コスト)4	(コスト)3	(コスト)2	(コスト)1

⇒

モノ5	モノ4	モノ3	モノ2	モノ1
(コスト)5	(コスト)4	(コスト)3	(コスト)2	(コスト)1

その結果，
・売上原価は，最初に仕入（製造）れたモノのコストで計算される
・期末のB／Sには，後で仕入（製造）れたモノのコストが記載される

〈計算例〉

上図のように，当期に5単位のモノを仕入れて，3単位が販売された場合

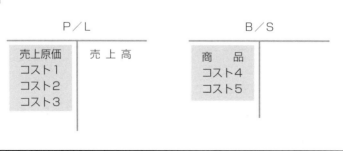

(2) 後入先出法（廃止）

なかには，腐敗もせず，陳腐化もしない物品もあります。例えば，石炭とか建材としての砂などは，しばしば，以前からあった石炭や砂の上に，新たに仕入れた分を上乗せします。これらを出庫（庫出しともいいます）するときは，**上乗せした分から先に取り出す**でしょう。先に仕入れた砂を先に使おうとして，底の方から掘り出すような無駄なことはしません。ここでは，モノは，「**後入先出**」的に流れるのです。

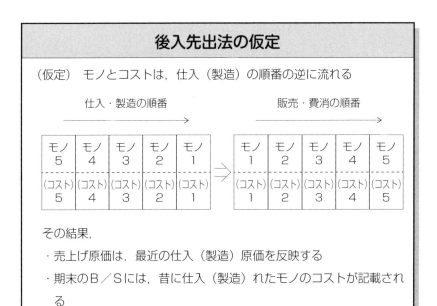

この方法では，期末近くに仕入れた物品は，すべて当期に販売・費消されたとして売上原価を計算しますから，利益操作の余地があります。つまり，期末近くに，単価の高い物品を大量に仕入れますと，売上原価を大きくすることができるのです。

なお，後入先出法は，国際的な会計基準では認められていないこと，利益操作の余地があること，実際に上場企業で採用するケースが少ないこと，などの理由から，今後は棚卸資産の原価配分法として採用することが認められなくなりました（改正企業会計基準第9号「棚卸資産の評価に関する会計基準」）。

(3) 平均法

先に仕入れたモノと後で仕入れたモノが入り交じるようなケースもあります。例えば，重油・軽油などのような流動体のモノなどです。こうした物品は，**新旧の物品自体がミックス**されるので，その物品の属性である**コストもミックス**されると考えるのが，**平均法**です。

平均法は，それ以前に仕入れた物品の原価と新たに仕入れた物品の原価を（**加重**）平均して，倉庫から出荷するときは，モノは新旧平均してミックスされた状態で出荷され，（**加重**）**平均されたコストがモノに付着して流れる（配分される）**と考えるのです。

「**加重平均**」というのは，100円のモノを10個と80円のモノを40個仕入れたとき，総原価4,200円（100×10個＋80×40個）を仕入れた数量50個で割って求めた「**平均単価**」84円をいいます。

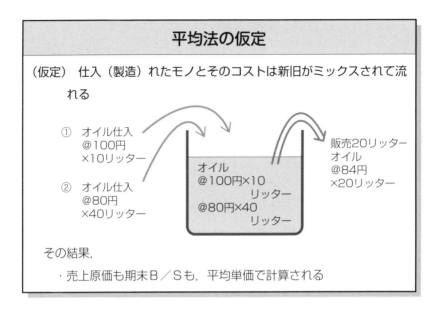

　これに対して、仕入単価の100円と80円を単純に平均して求めた90円のことを「**単純平均**」といいます。単純平均原価を使って棚卸資産を評価しますと、合計で4,500円（90×50個）となり、実際の仕入原価（4,200円）と合いません。そこで、会計では、「**加重平均原価**」を使うのです。

　平均法には、次の2つがあります。

① 総平均法

　1期間ごとにその期に在庫した物品の**総平均単価**を計算し、この単価を期中に販売・費消した物品と期末に残っている物品の両方に一律に適用する方法です。この**総平均単価**は、次の式で求めます。

$$総平均単価 = \frac{前期繰越金額 + 当期仕入金額}{前期繰越数量 + 当期仕入数量}$$

価格変動の激しい物品にこの方法を適用しますと，単価が平均されるために，販売した物品の原価とされる額（売上原価）も期末在庫につけられる金額も，先入先出法や後入先出法のように，大きく変動することはありません。

この方法の欠点は，期末になるまで総平均単価が算出できないことです。そのため，あまり単価が高くない，重要性の低い物品に適用されることが多いようです。また，計算が簡単なことから，中小規模の企業で多く使われているようです。

② 移動平均法

商品を仕入れるたびに，それまでの在庫と新規の仕入れの平均単価を求め，販売・費消するときには，その平均単価で売上原価を計算する方法です。平均単価は，次の式で求めます。

$$\text{平均単価} = \frac{\text{それまでの在庫の金額} + \text{今回の仕入金額}}{\text{それまでの在庫数量} + \text{今回の仕入数量}}$$

ここで使われているのも，加重平均した単価です。

(4) 個別法

高額の商品であれば，以上のようなモノの流れを仮定して原価配分することはしません。乗用車とか建売住宅，ダイアモンドなどの高額商品は，商品がどういう流れ方をしていようが，売上げに対応される原価はその商品自体の原価（**個別原価**）です。

会計学では，もともと，**棚卸資産の原価配分**について，このように**モノの流れとコストの流れを一致させる**ことによって，その方法の正当性・妥当性を主張してきました。モノが先入先出的に流れる場合には先入先出法，平均的に流れる場合には平均法が採るべき方法とされてきたのです。

　それぞれの方法は，採用すべき条件なり前提があるのであって，決して自由に選択してよいわけではありません。ところがわが国では，企業会計原則も会社法も，モノの流れとコストの流れを無視して自由に選択することを許容しています。その結果，継続性の原則によって縛り付ける必要が出てくるのです。会計学の本来の考え方に戻って，「**モノの流れとコストの流れが一致する方法**」を選択させるようにすれば，継続性を要求する必要などなくなります。

▶ **数量法と金額法**

　なお，以上の方法は，まとめて**数量法**と呼ばれています。**棚卸資産自体の数量計算（金額ではなく，個数による管理）が行われることを前提と**して原価配分されるからです。

　ところが，数量ではなく，**棚卸資産の金額だけを使って原価配分する方法**もあります。これを，**金額法**と呼んでいます。金額法として有名なのは，**売価還元法**と**金額後入先出法**（ドル価値法）です。ここでは，よく使われている売価還元法を紹介しておきます。

(5) **売価還元法**

　売価還元法は，取り扱い品目がきわめて多い小売業や卸売業において使われる方法で，①**数量の記録をつけず**，②**値入率**（あるいは利益率）が近似する資産を集めてグルーピングし，③グループごとに，**期末棚卸品の売価合計から取得原価を推計**する，という特徴があります。

例えば，デパートや大規模スーパーでは，数万とか数十万種類の棚卸資産を保有しています。これらをすべて期末に，品目別に在庫を数え，その単価を計算することは，多くの手間と時間がかかり，営業の障害にもなります。

三菱のボールペンが100円売りのが何本で200円売りのが何本，ゼブラは何本と何本，ビックが何本，パイロットが何本，三菱の水性ペンが100円売りが何本で150円売りが何本，ゼブラが何本，三菱の油性ペンが100円売りが何本で150円売りが何本，パイロットが何本と何本，筆記具の在庫調べだけでも，何日もかかりそうです。

そこで，例えば，文具類，衣類，食品類，雑貨などの，多品種・少額の品目を，**値入率**（または利益率）が近いグループに分けて，期末には**在庫品の売価を集計**するのです。筆記具は，どの会社の製品でもまとめて，売価100円のものが何本，売価200円のものが何本，これを集計します。その後は，簡単にいいますと，**売価から値入額を差し引くと取得原価**が求められます。

実際の計算では，次の算式で「**原価率**」（売価の中に含まれる原価の割合）を計算し，**売価合計にこの原価率を掛けて期末の棚卸資産評価額**とするのです。

$$原価率 = \frac{期首繰越商品原価 + 当期受入原価総額}{期首繰越商品小売価額 + 当期受入原価総額 + 原始値入額 + 値上額 - 値上取消額 - 値下額 + 値下取消額}$$

$$原価率 = \frac{期中にあった物品がすべて売れたとした場合の売上原価}{期中にあった物品がすべて売れたとした場合の売上高}$$

算式からもわかりますように，売価還元法では，棚卸資産の数量記録を使いません。**すべて金額データで計算する**ことから，**金額法**と呼ばれるのです。

　分子を見てください。分子は，「期首有り高の原価」と「当期受入品の原価」の合計額です。分母は，これらの品目に対してつけられた売価を求めています。

　いったん，**原価に利益相当分を上乗せ**（値入といいます）して，その後の値上げや値下げを加減して計算しています。

　分母が，「期中にあった品目が全部売れたとした場合の売上高」で，分子が「期中にあった品目が全部売れたとした場合の売上原価」です。

　なお，売価還元法にも，**原価法**と**低価法**があります。上の原価率は，売価還元原価法の原価率です。この算式の分母にある「値下額」と「値下取消額」を除外すると，売価還元低価法における**原価率**になります。

　2つの原価率の違いを考えてみましょう。いったん売価を決めておいて，その後に値下げするのは，多くの場合，**仕入れ値（取替原価）が下がった**か，あるいは，**予定した売価（正味実現可能価額）では売れなくなった**からです。

　低価法は，時価（取替原価または正味実現可能価額）が原価よりも低下したときに適用されるものですから，**値下額を「期末在庫の原価率から除外する」**のです。これを除外しますと，期末在庫に適用する原価率がそれだけ低くなりますから，結局，時価下落分だけ**期末棚卸資産が低価評価**されることになるわけです。

CHAPTER 11
低価法は原価配分法か，資産の評価法か

♣ GUIDANCE

　すでに述べましたように，資産の評価基準には，大きく分けて，原価法（原価基準）と時価法（時価基準）があります。さらに棚卸資産に適用される「低価法」もあります。「低価主義」とも，「低価基準」ともいわれています。ここでは，低価法と呼んでおきます。

　なお，2008年4月1日以後に開始する事業年度からは，企業会計基準第9号「棚卸資産の評価に関する会計基準」が適用され，通常の販売目的で保有する棚卸資産には新しい解釈の「低価法」が強制適用されることになりました。新しい解釈の低価法を指すときは，以下，「新低価法」ということにします。

新しい棚卸資産評価基準

　GUIDANCEで紹介しましたように，2008年4月1日以後に開始する事業年度からは，企業会計基準第9号「棚卸資産の評価に関する会計基準」（以下，棚卸資産評価基準という）が適用されています。

　棚卸資産評価基準によれば，①通常の販売目的で保有する棚卸資産は取得原価で評価するが，期末の時価（正味売却価額）が取得原価よりも下落している場合には正味売却価額で評価すること，②トレーディング目的で保有する棚卸資産については市場価格で評価し，評価差額を当期の損益として処理することになっています。

▶ 新しい基準における低価法の強制
　①にいう「通常の販売目的で保有する棚卸資産」は，これまで棚卸資産とされてきた項目です。つまり，商品，製品，半製品，仕掛品，原材料，事務用消耗品などをいいます。これらの棚卸資産を期末に評価する場合（バランス・シートにいくらと書くかを決める）には，これまでは，原価法（取得原価で評価する）と低価法（その棚卸資産の時価が取得原価よりも下落した場合に時価で評価する）のどちらかを選択して適用することができました。

　棚卸資産評価基準では，こうした選択適用を認めません。これからは，通常の販売目的で保有する棚卸資産には，新しい解釈の「低価法」が強制適用されます。いかなる意味で「新しい解釈」なのか，また，なぜ強制適用されるようになったのか，などのことについては，後で詳しく紹介することにして，以下では，まず伝統的な低価法について述べることにします。

なお，伝統的な低価法を指すときは「従来の低価法」とか，単に「**低価法**」といい，新しい解釈の低価法を指すときは暫定的に「**新低価法**」ということにします。

▶原価法による貸借対照表価額の算定

低価法の説明をする前に，原価法による期末棚卸資産価額の計算をおさらいしておきましょう。低価法を適用するにしても，最初に原価法による期末棚卸資産価額を知る必要があるからです。

商品，製品，原材料などの棚卸資産は，期末における保有高（在庫という）を，「**数量法**」（または「**金額法**」）によって確認し，それに，その資産の取得原価（先入先出法，平均法などを適用）を乗じて，期末のバランス・シートの金額を決めます。

例えば，前期から繰り越した商品Aが100個，当期に仕入れた商品Aが300個，当期に販売した商品Aが350個であったとします。数量計算と棚卸しの結果，期末に残っている商品Aは，50個ということになります。この50個の取得原価は，先入先出法で計算すると，50個×50円＝2,500円，平均法では，50個×55円＝2,750円，となるとしましょう。ここで2,500円，2,750円はいずれも保有する資産の原価とされる金額です。原価法では，いかなる「**コスト（原価）の流れ**」を仮定するかによって，期末に保有する棚卸資産の貸借対照表価額が変わるのです。

```
                期末残高（B／S）の計算
─────────────────────────────────
 前期繰越高  ＋  当期仕入高  －  期末残高  ＝  当期販売高
  100個          300個          50個         350個
─────────────────────────────────
  期末残高  ＝  前期繰越高  ＋  当期仕入高  －  当期販売高
   50個          100個          300個         350個
```

かくして，各企業は，この期末に保有する棚卸資産を，2,500円でも2,750円でも，自由に決めてバランス・シートの価額とすることができるのです。ただし，いくら自由といっても，前のChapterで紹介した「**コストの流れの仮定**」の範囲内でなければなりません。こうした計算によって得られた金額が，期末における棚卸資産の原価（取得原価）です。この金額で棚卸資産をバランス・シートに記載することを，**原価基準**とか**原価主義**と呼んでいます。

▶ 原価時価比較低価法

　低価法は，期末の時価が，原価法で計算した期末棚卸資産の原価よりも下落した場合に，**棚卸資産の評価額を時価まで切り下げ，差額を評価損として計上**するものです。

　つまり，商品等の時価が下落して，取得したときの原価を下回るようになったときに，時価が原価よりも下落した分を評価損として損益計算書に計上し，期末貸借対照表には商品等を時価で計上するのです。要するに，**低価法とは，原価と時価を比較して，どちらか低いほうの価額で評価する方法**です。英語では，その意味を込めて「**原価時価比較低価法**」といいます。

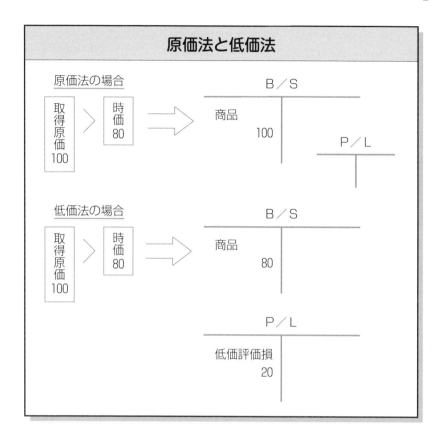

▶ 低価法による評価損の計算

　上の例でいうと，期末に残っている50個は，先入先出法によれば単価が50円で合計2,500円，平均法なら単価が55円で，合計2,750円でした。この企業が，棚卸資産の原価配分法として先入先出法を採用していれば，貸借対照表には2,500円と記載され，平均法を採用していれば2,750円と記載されます。

いま，この商品Aの期末における実際の時価（売れる価格）が54円，合計2,700円であったとしましょう。企業が原価配分の方法として何を採用しているかによって，次のように評価損が変わります。

	先入先出法を採用している場合	平均法を採用している場合
取得原価	2,500円	2,750円
時　価	2,700円	2,700円
評価損	－	50円

　低価法は，原価と時価を比較して，低いほうの価額をもって期末の評価額とする方法です。時価が原価よりも下落していれば，評価損がでます。表に示すように，平均法を採用していれば50円の評価損がでます。先入先出法を採用する場合には，時価よりも原価が低いので，低いほうの原価で評価されるのです（評価損はでない）。

▶ 時価が上昇しても評価益は出さない

　では，原価よりも時価が上回る場合（つまり，取得した後，その商品・製品の時価が上昇した場合）には，どうするのでしょうか。上の，先入先出法を採用した場合には，時価が原価より200円大きい。原価よりも時価が大きいとき，その大きい分を「**含み益**」といいますが，会計では，この含み益が**未実現**（いまだ，利益として確実になっていないこと）であるとして，損益を計算するときに利益として算入しません（同時に，貸借対照表においても，資産の価額を増やすこともしません）。

余談ながら

「未実現」の意味は，上に書いたとおりです。読み方もルビのとおり「みじつげん」です。

ところが発音すると，「み・じつげん」と「み」と「じつげん」を分ける人と，分けずに「みじつげん」と発音する人がいます。

どう発音しようと誤解されることはないのですが，区切らずに「みじつげん」と発音する人のほうが多いようです。

企業会計原則と会社法の規定

企業会計原則（貸借対照表原則五A）には，次のように書かれています。企業会計原則では「たな卸資産」と表記しています。

> 「たな卸資産の貸借対照表価額は，時価が取得原価よりも下落した場合には時価による方法を適用して算定することができる。」

▶ 会社法における低価法の規定

会社計算規則5条6項では，次のように定められています。

> ## 会社法（会社計算規則）における低価法の規定
>
> 次に掲げる資産については，事業年度の末日においてその時の時価又は適正な価格を付すことができる。
> 一　事業年度の末日における時価がその時の取得原価より低い資産
> 二－三（省略）

会社計算規則では，同条同項2号で，「**市場価格のある資産**」の規定をおいているので，1号は，主に**棚卸資産に関する規定（低価法）**であると考えられます。

低価法では「**時価**（会社計算規則では「**時価又は適正な価格**」）を使う」ことから，その本質が，一定の条件を満たしたときに行う資産の「時価評価」であるとする解釈が生まれ，また，「評価損だけを計上する」ことから，「**保守主義を適用したもの**」とする解釈が生まれています。さらに，結果から見て，「資産の原価が各期間に配分される」ことから，**棚卸資産原価の期間配分法**とする解釈もあります。

結論からいいますと，今日では，**低価法は資産原価の期間配分法**であるとする理解が支配的です。他の解釈では，低価法をうまく説明できないからです。

CHAPTER 12

固定資産の原価配分

♣ GUIDANCE

　上に，棚卸資産の原価配分について述べました。そこでは，棚卸資産は，モノの流れとコストの流れを一致させるように原価配分の方法が選択されるということを書きました。

　建物・機械・車両といった減価償却の対象となる固定資産の場合は，少し事情が違います。固定資産は，使用したり時が経過したりすることによって，その価値が減少してゆきます。棚卸資産のようにモノの流れを目で見ることができません。

　現に使用しているトラックは，適当なメンテナンスを行っていれば新車として購入したときと変わりなく使用できます。トラックとして使用する分には，耐用年数中，特別の支障(ししょう)はないでしょう。

　しかし，耐用年数を終える頃には，新車と取り替えなければならないほどの機能低下が予想されます。それ以上使用すれば，新車を購入した方が安くつくくらいのメンテナンス費がかかり，燃費(ねんぴ)も低下することでしょう。

　ただし，こうした価値の減少は目に見えません。価値の減少が目に見えないとすれば，棚卸資産と違った原価配分の方法を考えなければならないということです。

　かくして固定資産の価値減少のパターンとして仮定されたのが，定額法であり，定率法です。特殊な資産には，生産高比例法という償却方法も工夫されています。

定額法と定率法

(1) 定額法

　この方法は，**固定資産の価値は，毎期，一定額ずつ減少すると仮定して償却費を計算する方法**です。600万円のトラックを10年間使用するとすれば，毎期，価値が減少すると見込まれる額は，次の算式によって計算されます（残存価額は10%とします）。

$$各期の原価償却費 = \frac{取得原価 - 残存価額}{耐用年数}$$

$$各期の減価償却費 = \frac{600万円 - 60万円}{10年} = 54万円$$

　この方法は，**機能的減価**の発生が比較的少ない建物，構築物などの償却に適しているといわれます。しかし，実務では，そうした条件がそろわない機械装置などにも適用されています。

(2) 定率法

　固定資産の種類によっては，使用を開始した直後に大きな価値の減少が見込まれ，使用の後期になればなるほど価値の減少が小さくなると考えられるものもあります。こうした価値の減少パターンを減価償却の計算に適用した方法が**定率法**です。

　定率法では，期末の**未償却残高**（固定資産の取得原価から，前期までの減価償却の累計額を差し引いた額）に一定の**償却率**を掛けて，その期の減価償却費を計算します。

償却率は，次の算式によって求めますが，税法が耐用年数に応じた**償却率**を定めていますので，実務上は，税法の償却率が使われています。次の図表は，税法の償却率の例です。

$$償却率 = 1 - \sqrt[耐用年数]{\frac{残存価額}{取得原価}}$$

残存価額を10%とした場合の償却率

耐用年数	定額法の償却率	定率法の償却率	耐用年数	定額法の償却率	定率法の償却率
2年	0.500	0.684	8年	0.125	0.250
3	0.333	0.536	9	0.111	0.226
4	0.250	0.438	10	0.100	0.206
5	0.200	0.369	15	0.066	0.142
6	0.166	0.319	20	0.050	0.109
7	0.142	0.280	25	0.040	0.088

定率法は，**機能的減価**が発生することが見込まれる機械装置や飲食店・ホテルなどの建物を償却するのに適しているといわれていますが，実務上は，そうした条件がそろわない資産にも適用されています。

いま，上の例のトラック（取得原価600万円，耐用年数10年，残存価額10%）に**定率法**を適用するとしますと，各期の減価償却費は，次のように計算されます。

1期目　取得原価600万円×償却率0.206＝123.6万円
2期目　（取得原価600万円－123.6万円）×0.206＝98.1万円

(3) 生産高比例法

　航空機・精密機械・鉱業用設備などのように、あらかじめ総生産高や総利用時間を合理的に予測できることもあります。こうした場合には、各期の**生産量や利用時間に比例して減価償却費を計算**するのが理に適っているといえます。生産高比例法は、こうした場合に適用されます。

　この方法では、各期の減価償却費を次のいずれかの算式によって求めます。

$$各期の減価償却費＝(取得原価－残存価額)\times\frac{当期の実際生産高}{見積もりによる総生産高}$$

$$各期の減価償却費＝(取得原価－残存価額)\times\frac{各期の実際利用時間}{見積もりによる総利用時間}$$

　上に述べましたように、定額法も定率法も、それぞれ**固有の価値減少パターン**を想定しています。したがって、それぞれが適用されるべき固定資産があると考えられています。そうした考え方は、**減価償却費と修繕費との関係**から見ても合理性があります。

　例えば、工場・構築物・トラックのように、**機能的減価**の発生が比較的少なく、後の**修繕費**があまりかからないものは**定額法**が適しています。また、ホテルとか機械・乗用車などは、後になればなるほど**修繕費が多額にかかる**ので、**定率法**がよいとされます。

　なぜなら、定率法は、償却の初期に多額の償却費が計上され、後期には償却費が少なくなります。初期には修繕費はほとんどかからず、後期には修繕費が多額になるので、**償却費と修繕費を合計すれば、毎期の費用がほぼ一定になる**と考えられるからです。

なお，製造業の場合，機械などを償却しても，それがそのまま期間費用として配分されるのではなく，いったんは仕掛品や製品の原価となり，それらが販売されたときに期間費用として配分されます。

無形固定資産

無形固定資産の取得原価は，**のれん**（20年以内に規則的に償却）と**鉱業権**（生産高比例法）を除き，一般に**定額法によって償却**します。定額法が採用されるのは，無形資産の場合には**修繕費がかからない**ことと，毎期一定額を償却することにすれば**期間損益計算を乱さない**と考えられるからでしょう。

無形固定資産の種類と償却については，次の図表を参照してください。

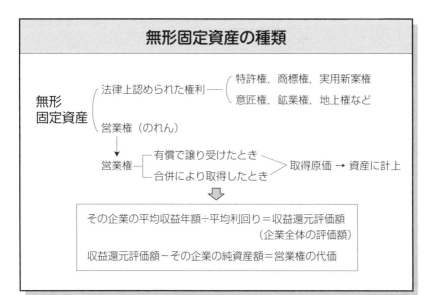

無形固定資産の償却

(1) 法律上の有効期限のあるものは，その期限内に償却
(2) 残存価額ゼロ，正規の償却法（定額法，定率法……）
(3) 勘定処理は直接法
(4) のれんは20年以内に償却
(5) 鉱業権は生産高比例法を使うことができる

CHAPTER 13

リース資産とリース債務

♣ GUIDANCE

　企業を経営していく場合に，必要な資産，特に，土地，建物，車両運搬具，設備，備品などの有形固定資産を購入しようとしますと，多額の資金を用意しなければなりません。自己資金だけでは購入できない場合には，株式や社債を発行したり，銀行から借りたり，いろいろな資金調達方法が使われるでしょう。

　そうした資金調達の方法の1つとして，リースを利用する方法があります。リース（ファイナンス・リース）は，資産を購入するのではなく，資産を賃貸借し，その利用する権利（利用権）だけが資産の所有者から使用者に移転します。これが，法律上の形式です。

　しかし，多くの場合，リースの経済的な実質は，資産を購入するための資金をリース会社に立て替えてもらって資産（リース物件）を取得し，資産を取得した後，リース会社に立て替えてもらった資金を，リース料として，リース会社に返済するというものです。

　法律的な側面と経済的な実質のどちらを重視して会計処理するべきでしょうか。ここでは，2007年3月に改定された「リース会計基準」を紹介しながら，リース会計基準の問題点を明らかにしたいと思います。

リース，賃貸借，レンタルの違い

「リース（lease）」とは，「賃貸借」を意味する英語です。アメリカでは，昔から，住宅やオフィスを賃貸借するとき「リース」といってきました。

1950年代に入って，巨額な設備を調達する手段として，新しいタイプのリースが利用されるようになりました。それが，ファイナンス・リースです。それまでのリースは，「**リース**」，新しいタイプのリースは「**ファイナンス・リース**」と呼んで区別されています。

日本でも，自動車やパソコンを賃貸借する「**レンタル**」がありました。これはレンタル会社が所有する物件を，「レンタル料を支払って借りる」というのが実態でした。

その後，1960年代に入って，アメリカでいう「ファイナンス・リース」が日本にも入ってきました。日本では，従来のタイプのものを「レンタル」または「賃貸借」，新しいタイプのファイナンス・リースを，単に「リース」と呼んでいます。つまり，日本でリースといえば，「ファイナンス・リース」を指すのです。

リース利用か自社所有か──資本利益率が変わる不思議

リースを利用する会社とリースを使わない会社では，会計上，大きな違いが出ます。最初に，その違いを説明しましょう。

いま，A社は，土地や建物を自社保有することは企業に**担保力**がつくと考えて，銀行からの借入金で土地と建物を300万円で取得して営業しているとします。B社は，会社の体力がついてから土地や建物を買うことにして，当面は**賃借**することにしたとします。

A社は土地建物を購入して**自社保有**するので，建物については**減価償却費**を計上しなければなりません。また購入資金を銀行から借りているので**利息を支払う**ことになります。この減価償却費と支払利息の合計が年に40万円だとします。

B社は，**土地建物を賃借**していて，その**賃借料**（リース料）が40万円だとします。売上高や売上原価などの他の条件が同じであるとすると，A社もB社も同じ利益を計上することになるでしょう。

では，自前で土地建物を購入・保有するA社と，賃借するB社では，どういうところに違いが出るのでしょうか。両社の貸借対照表と損益計算書は，次のようになるでしょう（単位：万円）。

A社　土地建物を自社保有	
B/S	
諸 資 産　100	借 入 金　300
土地建物　300	資　　本　100
P/L	
諸 費 用　100	売 上 高　×××
減価償却費　20	
支払利息　20	
利　　益　20	

B社　土地建物を賃借（リース）	
B/S	
諸 資 産　100	資　　本　100
P/L	
諸 費 用　100	売 上 高　×××
賃 借 料　40	
利　　益　20	

▶ 計算上の資本利益率への影響

　上の財務諸表を見てください。財務諸表上の計算では，A社は，総資本400万円を使って1年間に20万円の利益を上げたことになります。400万円を銀行に預けて，1年後に20万円の利息を受け取ったようなものですね。**利益率（利子率）**は，5％になります。

　ところが，B社は，100万円の資本を使って1年間に20万円の利益を上げたことになります。100万円を銀行に預けたら1年間で20万円，20％の利息をもらえたという計算と同じです。一方が5％，もう一方が20％の**利益率（利子率）**になるのです。

計算上の資本の効率

総資本利益率 = $\dfrac{利益}{総資本} \times 100$ （％）

（企業が使う総資本全体の効率。収益性を判断する総合的指標）

A社の総資本利益率 = $\dfrac{利益20}{総資本400} = 5\%$

B社の総資本利益率 = $\dfrac{利益20}{総資本100} = 20\%$

　これは，財務諸表上の計算です。土地建物を含めた実際に使っている資産の合計は，A社もB社も同じ400万円です。それが，リースを利用しているB社の場合は，**貸借対照表にリースによる土地建物が記載されていない**ことから，計算上の総資産は400万円ではなく，100万円として，利益率が計算されているのです。

同じ設備や土地を利用していても，その設備や土地が会社の所有のものか，賃借（リース）しているものかによって，**計算上の資本の効率（資本利益率）**は大きく異なることになります。

▶ 支払義務（リース債務）の非表示

さらに，リースを使う場合には，将来にわたってリース料を支払う義務（債務）を負いますが，その支払い義務が貸借対照表に現れないのです。**負債が過小に表示**されることになるのです。

このように，リース資産を利用しながらその資産を**オフバランス**（貸借対照表に計上しないこと）する場合には，企業側からすると，資産と負債を過小に計上することにより，**計算上の**（つまり，見かけの）**資本利益率を向上**させ，さらに，**負債を過小に表示**することができたのです。

投資家は，A社とB社の財務諸表をみせられると，A社のほうは，規模が大きいが負債も多く，総資本利益率はB社よりも大幅に低いと判断し，また，B社は少ない資産で大きな利益を上げ，総資本利益率でみるとA社の4倍の，超優良会社と判断するのではないでしょうか。しかし，実際にA社とB社が違うのは，土地建物を自社で購入したか，賃借したかの違いだけです。

▶ オンバランスするとどうなるか

では，投資家の誤解をなくすにはどうすればよいでしょうか。1つの解決法は，リースにより賃借する資産とその債務を貸借対照表に記載すること（これを，**オンバランス**という）です。そうすると，B社の貸借対照表は次のようになり，A社もB社も総資本は400万円となります。

B社	B/S		
諸 資 産	100	リ ー ス 債 務	300
リース資産	300	資　　　　本	100

　リース資産は，貸借対照表に計上し，他の固定資産と同様に償却します。**リース料（賃借料）を支払うが，その支払額には，リース債務の返済分とリース債務について生じる利息分が含まれる**ので，減価償却費と支払利息の合計40万円は損益計算書に計上します。損益計算書は，上で紹介したA社のものと同じです。

P/L			
諸　費　用	100	売　上　高	×××
減価償却費	20		
支 払 利 息	20		
利　　　益	20		

　これで，リースを利用する会社と利用しない会社の会計上の違いはなくなりました。

リースを利用する目的は何か

▶ リース利用のメリット（計算の経済性と物品管理）

　これで問題は解決したようですが，実は，この解決策にはいくつかの問題があります。1つは，減価償却費や支払利息の計算です。

わが国では，例えば，コンピュータ関連品，什器類，工作機械，車両運搬具などの単価の低い物件をリースで借りることが多いのですが，それは，こうした資産の**物品管理**をリース会社に任せることができ，また，**減価償却や支払利息の計算をしなくて済む**からです。

上の解決法では，そうした煩雑な計算と資産管理をしなければならないので，リースを利用するメリットが小さくなるでしょう。

▶ リース利用のメリット（税制）

もう1つの問題は，わが国の税制です。わが国の法人税法では，リースにより賃借した場合は，**支払うリース料が損金（税金計算上の費用）に算入**されます。この資産を購入して減価償却費を計上するよりも多額のリース料を支払えば，計上する損金が大きくなり，税金が少なくなるのです。

こうした2つの理由から，わが国では，リース資産・リース債務をオフバランス（貸借対照表に計上しないこと）にする会計処理が使われてきました。

▶ リースをオフバランスしてきた理屈

リース資産・リース債務をオフバランスにしてきた理由・理屈は何だったのでしょうか。

会社が誰かから土地を借りても，それは貸借対照表には記載しません。会計上，土地を賃貸借したときは，地代を支払うときに，「支払地代」として費用が計上されるだけです。建物も同じです。借りた建物は，貸借対照表には記載せず，家賃を支払ったときに「支払家賃」という費用を計上するだけです。

このアナロジーから，機械や什器を賃借（リース）で入手しても，それらは資産として計上せず，賃借料（リース料）を支払ったときに，支払リース料として費用計上するのです。

理由の1つは，**リースにより入手した資産の所有権がリース会社**（リースを提供する会社）**にあり**，リースを利用する企業には，その資産の利用権はあっても所有権はないことにあります。会計では，貸借対照表には他の企業に所有権があるものを記載しません。したがって，**リース会社に所有権のあるリース資産**は，当企業ではオンバランスしないのです。

（参考） 消費貸借と賃貸借

土地や建物を借りても貸借対照表には，資産として記載しません。しかし，現金を借りたときは，貸借対照表の資産の部に「現金」として記載します。この違いは何でしょうか。

現金を貸し借りする場合には，借り主が所有権を取得し，それを消費した後に，他の同価値のもの（通常は，現金）を返還します。これを「消費貸借」といいます。借りた現金が一万円札1枚であるとすると，返すときに，千円札10枚で返してもよい。借りたものと全く同じものを返す必要はないのです。

ところが，土地や建物を貸し借りした場合は，「賃貸借」といって，所有権は移転せず，借りたもの自体を返還しなければなりません。東京の土地を借りて，埼玉の土地で返すというわけにはいかないのです。リースも賃貸借ですから，所有権は移転しません。

所有権という「**法形式**」を重視すれば，リース資産は，リース会社のものであり，リースを利用する企業のものではありません。

　したがって，リースを利用する企業では，オンバランスしないのです。**オンバランス**というのは，バランスシートに**載せる**という意味で，**載せない**ことを**オフバランス**といいます。リースで借りた物品をオンバランスすると，上で述べたような問題が生じるのです。

　そこで，その問題を解決しようとして**リース資産・リース債務を，経済的実質（リース資産の経済効果）を重視してオンバランス**すると，減価償却費や支払利息の煩雑(はんざつ)な計算や税金の問題が顔をだしてくるのです。

▶ 93年リース会計基準（旧基準）による原則的な方法

　わが国では，1993年に企業会計審議会から「リース取引に係る会計基準」（以下，「93年リース会計基準」という）が公表され，リース（以下で詳しく述べますが，上のようなリースを**ファイナンス・リース**といいます）については，「原則として通常の売買取引に係る方法に準じて会計処理」することになりました。つまり，**リース資産・リース債務をオンバランス**するのです。

　これは，「**93年リース会計基準**」による「**原則的な処理**」です。この処理を採用すれば，リース資産・リース債務はオンバランスされ，わが国の場合，煩雑な会計手続きが免除されることもなく，税法上のメリットを受けることもできなくなります。

▶93年基準（旧基準）による例外処理

そうしたことを考慮して，93年リース会計基準は，「リース契約上の諸条件に照らしてリース物件の所有権が借手に移転すると認められるもの以外の取引については，通常の賃貸借取引に係る方法に準じて会計処理を行うことができる。ただし，この場合には，次に掲げる事項を財務諸表に注記しなければならない。」と規定し，注記すべき事項として，リース物件の取得価額相当額，減価償却相当額などを掲げていました。

要は，基準としては，**経済的実態を反映するようにリース資産・債務をオンバランスすることを原則処理**としながらも，そうした原則的な処理を強制するとリースを利用する企業のメリットが減少し，その結果，わが国のリース業界が衰退しかねません。そうした事態を避けるために，**例外的に（抜け道として）リース取引を賃貸借として会計処理**することを認めたのです。形式的には，**リースの経済的な側面を重視した会計処理**を原則としながらも，実質において賃貸借処理を認めたのです。

▶93年基準（旧基準）による会計実務

かくして，多くの企業は，リースを利用しても，一定の情報を財務諸表に注記することを条件に，通常の賃貸借と同じ会計処理をすることが認められました。リースを利用するほぼすべての企業が，この**例外的処理（賃貸借処理）**を採用しました。

しかし，こうした**法的な形式を重視する会計処理**は，**国際的な会計基準**と整合せず，また，わが国のリース取引の中に，その経済的実態が売買取引と同様なものがかなり増加していることなどから，取引実態を的確に反映するものとはいえないといった批判が起きてきました。

新しいリース会計基準

　国際的な基準とわが国の基準の主な違いは，リース資産・リース債務を貸借対照表に計上するかどうかです。**わが国では，リース資産・リース債務を，原則としてオンバランスすることになっていながら，実質的には例外処理が使われてオフバランス**されてきたのです。

　2000年代に入って，上記のような理由から，わが国のリース会計基準の見直しが行われ，**2007年3月に，新しい「リース会計基準」「リース会計基準の適用指針」が公表**されました。

　以下，新しい基準とその適用指針に基づいて，リース資産・リース債務の会計処理を説明します。

▶ リース取引の定義

　新しいリース会計基準では，リース取引を次のように定義しています。

リース取引とは

　リース取引とは，特定の物件の所有者たる貸手（レッサー）が，当該物件の借手（レッシー）に対し，合意された期間（以下「リース期間」という。）にわたりこれを使用収益する権利を与え，借手は，合意された使用料（以下「リース料」という。）を貸手に支払う取引をいう。

▶リース取引の分類

　リース取引には，次の2つの種類があります。リース取引の会計処理においては，ここでいう「ファイナンス・リース取引」に該当するか，「オペレーティング・リース取引」に該当するかが，きわめて重要です。

リース取引の分類

(1) **ファイナンス・リース取引**——リース期間の中途において契約を解除することができないリース取引（これに準じる取引）で，借手がリース物件からもたらされる経済的利益を実質的に享受することができ，かつ，このリース物件の使用に伴って生じるコストを実質的に負担することとなるリース取引をいう。

(2) **オペレーティング・リース取引**——リース取引のうち，上の，ファイナンス・リース取引以外の取引をいう。

要するに

ファイナンス・リース取引の条件―┬―解約不能
　　　　　　　　　　　　　　　　└―フル・ペイアウト

オペレーティング・リース取引――上記以外のリース取引

オペレーティング・リース取引の会計処理

リース会計基準では、ファイナンス・リース取引に該当しないリース取引は、オペレーティング・リース取引となります。

オペレーティング・リース取引は、通常の賃貸借取引に係る方法に準じて会計処理されます。つまり、借手が**リース料**を支払えば、損益計算書に**費用計上**されます。リースで賃借している資産を貸借対照表に計上することはしません。

ファイナンス・リース取引の判定基準

リースの会計処理においては、そのリース取引が「**実質的に売買取引**」と同等（ファイナンス・リース取引）なのか、**賃貸借**（オペレーティング・リース取引）なのかによって、その処理が異なります。ここでは、ファイナンス・リース取引に該当するかどうかの**判定基準**について述べます。

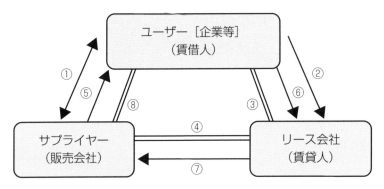

1. 設備等（リース物件）の選定
2. リースの申込み
3. リース契約の締結
4. リース物件の売買契約の締結
5. リース物件の搬入
6. 物件借受証の発行（リースの開始・リース料支払）
7. 物件代金の支払い
8. リース物件の保守契約の締結

(公益社団法人リース事業協会ＨＰ
(https://www.leasing.or.jp/）より転載)

▶ 「解約不能」と「フルペイアウト」

　上の(1)の定義において「**契約を解除できない**」とは，「**解約不能**」のことであり，リース契約上，一定のリース期間（拘束期間，契約期間，賃貸借期間などという）の定めがあり，この期間中は解約ができないことをいいます。「**ノンキャンセラブル**」ともいいます。期間中に解約ができる場合は，ファイナンス・リース取引には入らないのです。

ファイナンス・リース取引の定義のなかでいう「**経済的利益を実質的に享受する**」とは，このリース物件を借りずに，自己所有するとすれば得られると期待されるほとんどすべての経済的利益を享受することをいいます。

　また，「**リース物件の使用に伴って生じるコストを実質的に負担する**」とは，リース物件の取得価額相当額，維持管理等の費用，陳腐化によるリスク等のほとんどすべてのコストを負担することをいいます。

　この２つの条件（**経済的利益の享受とコスト負担**）を，「**フルペイアウト**」といいます。つまり，自己所有すれば得られるであろう経済的利益をほぼすべて享受することができる代わりに，使用に伴って生じる費用や陳腐化などのほぼすべてのコストを負担することをいうのです。

ファイナンス・リース取引の会計処理

▶ 借手の会計処理

　借手の会計処理は，「所有権移転ファイナンス・リース取引」も「所有権移転外ファイナンス・リース取引」も，**通常の売買取引**に準じた会計処理を行います。ただし，若干の相違があるので，それを紹介します。最初は所有権移転外ファイナンス・リース取引の会計処理です。

▶ リース資産・リース債務の計上価額

　リース取引の開始日に，リース物件とこれに係る債務を，リース資産およびリース債務として計上します。

リース資産およびリース債務の計上価額は，**貸手がリース物件をいくらで購入したかが借手にとって明らかかどうか**によって，次の額とします（適用指針22）。

解約不能と認められる取引

(1) **貸手がリース物件をいくらで購入したかが借手にとって明らかな場合**——リース料総額（残価保証額を含む）を「貸手の計算利子率」で割り引いた現在価値と貸手の購入価額等とのいずれか低いほうの額
(2) **貸手の購入価額等が明らかでない場合**——(1)に掲げる現在価値と見積現金購入価額とのいずれか低いほうの額

▶支払リース料の処理

リース料総額は，原則として，**利息相当部分とリース債務の元本返済部分とに区分計算**し，前者は「**支払利息**」として処理し，後者は「**リース債務**」**の元本返済**として処理します（つまり，リース債務を減額する）。

この場合における利息相当額は，リース取引開始日におけるリース料総額とリース資産・リース債務の計上価額との差額として計算されます。

▶リース資産の減価償却

リース資産は，原則として，**リース期間を耐用年数，残存価額をゼロとして減価償却**します。ただし，償却方法については，自己所有の固定資産と同じ償却方法を適用する必要はなく，企業の実態に応じた方法，例えば，定額法，級数法，生産高比例法等の中から選択することができることになっています。残存価額をゼロとしているために，**定率法は使えません**が，**級数法**を使えば定率法と同じような結果が得られます。

CHAPTER 13 リース資産とリース債務

▶ 少額のリース取引, 1年以内のリース取引

　リース契約1件当たりのリース料総額が300万円以下のリース取引など少額のリース資産や, リース期間が1年以内のリース取引については, 簡便的に, オペレーティング・リース取引の会計処理（後述）に準じて, 通常の賃貸借取引に係る方法に準じた会計処理を取ることができるように定められました。

▶ 日本のリース業界を救う300万円ルール

　上のコラムで, 新しい基準では,「1件当たりのリース料総額が300万円以下」の少額の取引に関して,「簡便な方法（賃貸借処理）」を使うことができると規定していることを紹介しました。

　こうした基準の表現からは,「それほど重要ではないリース物件については, 何も, オンバランスするといった面倒な処理をしなくても, 従来どおり, 賃貸借処理でかまわない」といったニュアンスが読み取れそうです。

　しかし, この「300万円ルール」は, そんなに軽いものではないのです。この300万円ルールこそ, わが国のリース会社を救う救世主的な規定なのです。以下, このことを書きます。

　わが国の企業がリースを利用するのは, 物件を購入する資金が無いとか, 自社保有すると資金が寝てしまうことを回避するといったこともありますが, 資産の管理をリース会社に任せることができるとか, 減価償却の手数が省けるとか, リース料を損金に算入することができるために税の面で有利だといった理由も大きいのです。このことは, 上に書きました。

151

わが国の場合，リースの物件は，パソコン，業務用の自動車，什器など，1件当たりの金額が少額のものがほとんどです。今回のリース会計基準の改正において，事前にリース業協会が調査したところ，1件当たりのリース取引は，ほとんどが300万円以下であったといいます。

今回の基準改正においてファイナンス・リース取引の会計処理として「売買処理」しか認められないことになっても，少額のリース取引に簡便法（賃貸借処理）が認められたために，**実務的にはほとんど従来の会計処理を変更しなくてもよい**ことになります。影響を受けるのは，飛行機のような巨額の物件をリース契約している場合でしょう。

ファイナンス・リース取引の会計処理として，こうした簡便法を認めないとすると，企業のリース離れを起こし，わが国のリース業界は壊滅的な打撃を受けると心配されていましたが，新基準は，そうした事態にならないように配慮したものといえるのではないでしょうか。

▶ 少額リース取引・短期リース取引——簡便法

個々のリース資産について重要性が乏しいと認められる場合は，オペレーティング・リース取引の会計処理に準じて，通常の賃貸借取引と同じ会計処理を採用することができます。

▶ 転リース取引

「転リース取引」とは，リース物件の所有者からリースを受け，さらに同一物件を概ね同一の条件で第三者にリースする取引をいいます。この場合，借手としてのリース取引も貸手としてのリース取引もファイナンス・リース取引に該当する場合には，**貸手が受け取るリース料総額と借手が支払うリース料総額の差額を「手数料収入」として各期に配分し，「転リース差益」**等の名称で損益計算書に計上します。

転リース取引

<リース物件を所有する者からリースによって借り受け，それをほぼ同一の条件で他の者にリースで貸し出す取引>

▶ セール・アンド・リースバック取引

　セール・アンド・リースバック取引は，所有する物件を貸手に売却し，貸手から当該物件のリースを受ける取引をいいます。

　セール・アンド・リースバック取引がファイナンス・リース取引に該当する場合には，借手は，リース物件の売却に伴う損益を**長期前払費用**（売却損が出る場合）または**長期前受収益**（売却益の場合）等として繰延経理し，**減価償却費に加減**（益なら減額，損なら増額）して損益に計上します。

セール・アンド・リースバック取引

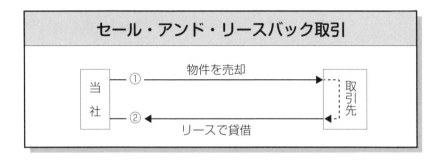

CHAPTER 14
繰延資産の考え方と会計処理

♣ GUIDANCE

　繰延資産は，費用としての支出額の全部が，支出を行った期間のみが負担する費用となることなく，数期間にわたる費用として取り扱われる場合に，計算技術的に資産側に計上される項目です。

　建物のような長期間利用する固定資産を取得した場合に，取得原価を利用期間に配分する考えと同じですが，繰延資産の場合は，費用として支出された金額を期間配分するものであり，他の資産との同質性（例えば，譲渡価値を有すること）を持ちません。

　繰延資産は，会計的な考え方を学ぶに適しているテーマなので，頁を割いて学修することにします。

繰延資産計上の論理

建物や機械のような固定資産を取得したときは，その取得原価を，資産を取得した期間の費用とせず，使用する期間に費用として配分しました。それは，建物などの利用によって収益の増大を図ることができる期間（つまり，利用期間）に固定資産の取得に要した費用（取得原価）を配分するためでした。こうした収益と費用を期間的に結びつける考え方を「収益費用対応」といいます。

▶ 支出の効果

ところで，固定資産を取得したわけではないのですが，ある種の支出をしたところ，その**支出の効果（収益への貢献）が当期だけではなく次期以降にも及ぶか**，あるいは，当期の収益にはまったく貢献せず**次期以降の収益獲得に貢献する**と考えられる場合があります。

こうした場合に，その支出額を全額当期の費用とせず，**効果の発現する次期以降にも配分する**（これを「繰り延べる」という）ことができます。これによって，**各期の収益と費用に適正な対応関係を保つ**ことができると考えるのです。こうして資産側に計上される項目を**繰延資産**といいます。

▶ 繰延経理の根拠

企業会計審議会が公表した連続意見書第 5「繰延資産について」によりますと，ある支出額が繰延経理されるのは，おおむね，次の 2 つの根拠からであるとされています（下線部は著者が加えました）。

> **繰延経理の根拠(連続意見書5)**
>
> (一) ある支出が行われ,また,それによって役務の提供を受けたにもかかわらず,支出もしくは役務の有する効果が,当期のみならず,次期以降にわたるものと予想される場合,効果の発現という事実を重視して,効果の及ぶ期間にわたる費用として,これを配分する。
>
> (二) ある支出が行われ,また,それによって役務の提供を受けたにもかかわらず,その金額が当期の収益にまったく貢献せず,むしろ,次期以降の損益に関係するものと予想される場合,収益との対応関係を重視して,数期間の費用として,これを分配する。

連続意見書の見解

　会計の論理からすれば,「支出効果の発現が次期以降に及ぶ」か「次期以降の収益と対応」させることが適切な費用は,いったん**繰延資産として資産計上**し,これを「支出の効果の及ぶ期間」または「支出によって影響を受ける収益が計上される期間」に配分することが,**期間損益計算の適正性・正常性を保つことになる**と考えるのです。

　表現を変えますと,こうした費用を即時に全額費用計上すれば,**期間損益計算が歪められる**と考えるのです。

　連続意見書第5は,こうした根拠がある場合に,支出額の全部を,支出が行われた期間の費用として取り扱うことは適当ではないとして,次のように述べています。

繰延資産と費用配分の原則（連続意見書５）

「（こうした根拠がある場合には）支出額を繰延経理の対象とし，決算日において，当該事象の性格に従って，その全額を貸借対照表の資産の部に掲記して将来の期間の損益計算にかかわらせるか，もしくは，一部を償却してその期間の損益計算の費用として計上するとともに，未償却残高を貸借対照表に掲記する必要がある。

換言すれば，繰延資産が貸借対照表における資産の部に掲げられるのは，それが換金能力という観点から考えられる財産性を有するからではなく，まさに，費用配分の原則によるものといわなければならない。したがって，企業会計原則の立場からすれば，支出額を数期間の費用として正しく配分することに，きわめて重要な意味がある。」（第一，二）

連続意見書第5は，繰延経理を容認するというよりも，上に紹介した根拠を有する支出については，これを**資産計上することが損益計算を適正化すること**になると主張しています。そうした姿勢は，例えば，「**社債発行費は，繰延資産として取り扱われなければならない**」といった強い表現が使われていることからも読み取れます。

会計の論理

連続意見書をデフォルメして解釈しますと,繰延資産は,財産法的な資産性とか売却可能性の観点から貸借対照表に計上するというものではなく,あくまでも,**動態論に基づく期間損益計算を適正にするために計上される**ものです。

したがってそれは,**ある期間の収益とその収益をもたらした費用を正しく期間対応する**ために,**計算技術的に貸借対照表に計上する**ものであり,そうした処理をしないときは,適正な損益計算が保証されないのです。

連続意見書の主張は,以上のようなものであったと思われます。これは**現代会計の論理**といってもよいでしょう。

ところが,繰延資産には,他の資産と違って,**換金性**や**譲渡性**がありません。**担保価値**もありません。本質的には資産としての性格を持たない純粋に会計的な項目ですから,**擬制資産**と呼ばれることもあります。

そのため,実際に**企業会計原則**において規定されたのは,次のように,**繰延経理を容認**するという,かなりトーンダウンしたものでありました。

企業会計原則における繰延資産規定

「将来の期間に影響する特定の費用は,次期以後の期間に配分して処理するため,経過的に貸借対照表の資産の部に記載することができる。」
(貸借対照表原則一D)

繰延資産の範囲とグループ

　企業会計原則が一般に繰延資産として処理されるものとして例示しているのは，下記の8項目です。

　企業会計原則は，この8項目を**例示として列挙**しているにすぎません。企業会計原則の立場からは，「支出の効果が次期以降に及ぶ」とか「次期以降の収益獲得に貢献」している場合には，これら以外の項目も繰延資産となりうると考えているのです。

---

① 創立費　　② 開業費　　③ 新株発行費
④ 社債発行費　⑤ 社債発行差金　⑥ 開発費
⑦ 試験研究費　⑧ 建設利息

　以下，これらの項目を，(1)創業と開業に要する費用，(2)資金調達に要する費用，(3)事業の拡充・新製品開発等に要する費用に分けて，繰延経理の根拠と会計処理を説明します。

創業と開業に要する費用

　事業をスタートするには，まず，**企業を設立するための費用**がかかります。会社を設立する場合には，会社法の規定に従って会社を設立します。そこで要する費用を**創立費**といいます。また，企業がスタートしてから，実際に営業を始めるまでに，**開業準備のための費用**がかかります。これを**開業費**といいます。以下，創立費と開業費を分けて，会計処理を説明しま

しょう。

▶ 創立費とは何か

　創立費とは，より具体的には，会社の基本的な目的や組織，事業内容を定めた定款や諸規則の作成に係る費用，株式の募集のための広告費，目論見書の印刷費，創立事務所の賃借料など，**会社が負担すべき設立費用**をいいます。

▶ 創立費の支出効果

　創立費は，企業をスタートさせるための費用ですから，観念的にいえば，その支出の効果は企業が存続する限り続くといえるでしょう。

　しかしながら，創立費は，すでに支払ったものであり，企業がスタートした段階では，資産としての譲渡価値はないし，担保価値もありません。換金しようにも，換金できません。会計では，こうした項目を資産として扱う場合，これを「**擬制資産**」，つまり，本当は資産ではないが，会計上，「資産と見做す」「資産扱いする」ことがあるのです。

▶ 創立費の会計処理

　創立費は，上で述べたように，本来の資産ではない（擬制資産）ことから，**支出した期間の費用**として計上します（繰延資産の実務対応報告）。ただし，これも上述したように，この費用は企業の存続する限りその支出の効果が認められることから，支出時に資産（繰延資産）としてバランス・シートに計上し，その効果が及ぶ期間において配分（償却）する処理をとることができるのです。

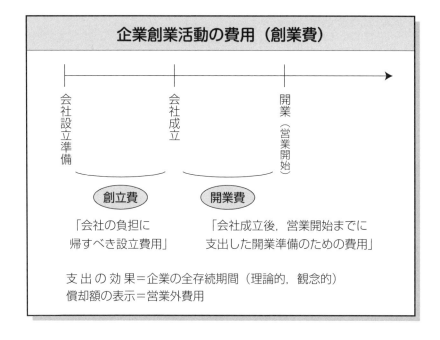

▶ 資本から創立費を減額する処理

　会社法では，こうした創立費を資本金または資本準備金から減額する処理を認めています（会社計算規則43－1－3）が，企業会計基準委員会の**実務対応報告**では，創立費が株主との間の資本取引から発生するものではないことから，そうした処理を認めていません。

▶ 開業費とは何か

　会社が成立してから営業を開始するまでの間に支出した**開業準備費**をいい，そのための事務用消耗品費，使用人の給料，電気・ガス・水道代，通信交通費などをいいます。

▶ 開業費の会計処理

　開業準備活動は，通常の営業活動ではないことから，開業費は原則として**営業外費用**とします。ただし，この費用は営業活動と密接であることから，**販売費及び一般管理費**として処理することもできます。**繰延資産として計上した場合**は，開業のときから5年以内のその効果が及ぶ期間にわたって，**定額法**によって償却することになります。

▶ 剰余金の分配可能額と繰延資産

　会社法では，創業費や開業費などを繰延資産として計上した額が一定の額を超える場合に，剰余金の分配可能額を算定するにあたって控除（その額だけ分配できないようにする）することにしています（会社法461条，会社計算規則158条）。詳しいことは，CHAPTER 18「会社法における資本金・準備金・剰余金」で述べることにします。

資金調達に要する費用

　企業が資金を調達するために要する費用として，**株式交付費**（詳しいことは，次頁），**社債発行費**などがあります。その支出の効果は，観念的には，調達した資金の運用期間に及ぶといえます。そのために，株式交付費については，資産として計上し，企業が解散するまで償却しないといった主張もあります。

　しかし，株式交付費も社債発行費も換金価値や譲渡価値がないことから，支出時に費用計上するか，資産として計上することを認めるが短期間のうちに償却するという会計処理が採用されています。

▶ 株式交付費とは何か

　株式交付費とは，(1)従来，**新株発行費**とされていた費用と，(2)**自己株式の処分費用**をいいます。具体的には，株式募集のための広告費，金融機関の取扱手数料，目論見書の印刷代などをいいます。

　自己株式とは，自社が過去に発行した株式を，合併などにより取得したものをいいます。**金庫株**，**自社株**ともいいます。自己株式を取得することは，かつて株式を発行することにより調達した資金（資本）を返還することでもあります。取得した自己株式を再び投資者などに引き渡すことは，株式を発行するのと同じ資金調達活動です。したがって，現在は，自己株式の処分費用を新株発行費と同じ性格のものと捉えて，両者を併せて**株式交付費**と呼ぶことにしています。

▶ 株式交付費の会計処理

　原則として，**支出時に費用**（**営業外費用**）として処理します。ただし，繰延資産として処理することもでき，この場合は，株式交付のときから3年以内のその効果が及ぶ期間にわたって，**定額法**により**償却**することになっています。

▶ 社債発行費とは何か

　社債は，**会社が資金を調達するために発行する債券**です。預貯金と同様に，確定利息がついていて，満期があります。満期には，社債の券面額（額面）を支払うことになっています。

　社債を発行するにあたって直接に支出した費用を，**社債発行費**といいます。社債を募集するための広告費，社債の印刷費，金融機関へ支払う取扱い手数料などです。

▶ 社債発行費の会計処理

　社債発行費は，原則として，**支出した期間の費用（営業外費用）**とします。ただし，従来と同様に，**繰延資産として処理**することもできます。

　繰延資産とした場合は，社債の償還までの期間にわたり，利息法により償却します。ただし，継続適用を条件に，**定額法**を採用することもできます。

　利息法とは，債務（この場合は，社債）の利息相当額を債務の帳簿価額に対して一定率となるように，各期に支払利息として配分する方法です。

資金調達活動の費用

株 式 交 付 費（設立時の株式募集費用は創立費として処理する）
社 債 発 行 費（新株予約権の発行費用を含む）

支 出 の 効 果 ＝ 償還までの運用期間（理論的，観念的）
　　　　　　　　　　（株式交付費は通常，会社が解散するまで）
償却費の表示 ＝ 営業外費用

事業の拡充・新製品開発等に要する費用

　企業は，その永続的な存続・発展のために，新製品や新しい生産方法の計画・設計，新しい知識の発見，既存の製品等の著しい改良などに巨額の費用を投じることがあります。こうした費用を一括して「**研究開発費**」といいます。

　研究開発費は，その支出の効果からみて，**将来収益の増加**，**費用の削減**といった形で，長期にわたって効果が発現することが期待されています。しかし，こうした費用をかければそれだけ将来の収益が増加するとか費用が削減されるという保証はありません。

　かくして，こうした費用については，**将来の収益増などに貢献することを期待して繰延資産とする会計処理**と，そうした効果を保証することができないことから，保守的に，**支出した期間の費用とする会計処理**があります。

　従来，**企業会計原則**でも**旧商法**でも，「**試験研究費**」および「**開発費**」については，支出した期に費用計上（**即時費用化**）するか，これを**繰延資産として計上**する処理を認めてきました。

　ところが，企業が支出する研究開発費が次第に巨額に上るようになってきたために，即時費用化という会計処理を採用する企業と，繰延資産として計上し，5年以内に，毎期，均等額以上を償却する（旧商法）企業とでは，計算・表示される当期純利益やROE（株主資本利益率）が大きく異なり，企業比較に支障をきたすようになってきました。

▶ 研究開発費会計基準の公表

　そうした状況をうけて，1998年に企業会計審議会が「研究開発費等に係る会計基準」と「同注解」（以下，**研究開発費会計基準**という）を公表し，**研究開発活動に該当する支出はすべてその期の費用**とすることにしました。

　支出した期に全額を費用に計上する会計処理を採用すると，支出した期の費用が巨額に上り，利益を圧迫するというマイナスの影響もありますが，**企業間での収益性や成長性を適切に比較することが可能**になり，また，企業がどの程度，**研究開発活動に積極的に取り組んでいるかを金額的にも把握できる**というメリットがあります。

▶ ソフトウェアの会計処理

　研究開発費会計基準では，「コンピュータを機能させるように指令を組み合わせて表現したプログラム等」，つまり，コンピュータ・ソフトウェアの会計処理を定めています。

　ソフトウェアを制作（作るのは「もの」ではないので，「製作」といわない）するケースとしては，

---
(1) 研究開発目的で制作
(2) 受注制作
(3) 市場にて販売する目的で制作
(4) 自社内で利用する目的で制作

が考えられます。(2)と(3)は，いずれも販売目的で制作する場合です。

このうち，(1)の「研究開発目的のソフトウェア制作費」と，(2)−(4)の制作費のうち，研究開発に該当する部分は，**研究開発費として費用処理**されます。

なお，**研究開発費に該当しないソフトウェア制作費**のうち，(2)の受注制作のソフトウェア制作費は，「**請負工事の会計処理に準じた処理**」を行うために，制作費を**棚卸資産**として計上します。

(3)の**市場販売目的で制作するソフトウェアの制作費**は，即時費用化されない部分を**無形固定資産**に計上します。(4)の自社利用のソフトウェア制作費については，将来の収益獲得に貢献することが確実とみられる部分は，**無形固定資産**に計上されます。

▶ 研究開発費の会計処理

研究開発費は，通常，一般管理費に属する費用として処理されます。つまり，損益計算書の「販売費及び一般管理費」の下の方（上の方には販売費が記載される）に記載されるのです。

ただし，実務上，研究開発を製造の現場で行っていて，研究開発の支出を製造費用に含めて計上している場合には，「**当期製造費用**」に算入することもできます。この場合には，研究開発費が一般管理費と製造費用に分かれて記載されるために，その総額が損益計算書に示されないことになります。そこで，一般管理費と当期製造費用に計上した**研究開発費の総額を財務諸表に注記**することが求められています。

この注記をみれば，この企業がどれだけ将来に向けて積極的に資金を投下しているのかが，わかります。

CHAPTER 15

引当金会計の考え方

♣ GUIDANCE

　引当金は，本当に難しいテーマです。わたしは，大学で40年にもわたって会計学を講義してきましたが，1年生の「簿記」で貸倒引当金の話をするときも，「会計学」で（負債性）引当金の話をするときも，いつもちゃんとわかってもらえるかどうか不安です。

　皆さんは，たぶん，すでに一度は引当金について学んでいることと思います。ノートを作ってある人もいるでしょう。自作のノートでも専門学校のノートでもいいですから，この章を読むときは，ノートを一緒に開いてください。ノートには，通説が書いてあると思います。

　これまで，引当金に関しては，会計の主張と旧商法の考え方との間に大きな相違があり，引当金を一貫した論理で説明することが非常に難しかったところがあります。

　新しい会社法では，会計の考え方を大幅に取り入れて，期間損益計算の立場から引当金を設定することにしています。

　そうはいっても，引当金が簡単になったわけではありません。引当金は本当に難しいテーマです。通論・通説だけでは引当金をうまく説明できないのです。

　このCHAPTERでは引当金の総論を述べ，次のCHAPTERでは個々の引当金項目を，総論に照らして検討することにします。

■ 会計上の引当金設定条件

　もともと，引当金という考え方は会計に特有のものでした。旧商法上は，**債務を負債の部に計上するのは当然**ですから，会計でいう「**(負債性) 引当金**」といった考え方はありません。

　それが，会計サイドが，**法的に見て債務性がないもの**（修繕引当金など）にまで引当金を設定させようとしたために，旧商法は，それを**商法独自の引当金として規定**したのです。

　商法も，もう少し会計の考え方に配慮して欲しかったと思いますし，会計も，もっと法の考え方を会計に取り込む必要があったと思います。

　そんなことをいっても始まりませんから，会計の考え方から紹介します。以下，しばらくは**会計上の引当金**についての話です。

　企業会計原則では，引当金一般（評価性引当金も負債性引当金も含めて）について，**設定する基準として**，次の4つをあげています（注解・注18）。

---
(1) 将来の特定の費用または損失であって
(2) その発生が当期以前の事象に起因し
(3) 発生の可能性が高く
(4) その金額を合理的に見積もることができること。

　こうした条件を備えた場合には，注解・注18は，「**当期の負担に属する**

金額を当期の費用又は損失として引当金に繰入れ，当該引当金の残高を貸借対照表の負債の部又は資産の部に記載するものとする。」としています。この費用・損失を強制的に計上させるのです。

▶ 収益の控除

かつては，費用・損失だけではなく，「収益の控除」となるものにも引当金を設定することになっていましたが，現在は，この規定は表面には出ていません。しかし，企業会計原則の改正に当たって公表された「負債性引当金等に係る企業会計原則注解の修正に関する解釈指針（以下，解釈指針）」によりますと，改正前と同じく，「収益の控除」となる引当金も含まれます。例えば，「返品調整引当金」が該当します。

▶ 発生主義会計

ところで，「将来の費用または損失」であれば，将来の費用が発生した期間に計上すべきであって，当期に計上する必要はないはずです。

それをなぜ，当期の費用とするかといいますと，**その費用や損失の発生原因が当期（以前）にある**からです。近代会計の思考である**損益法**では，こうした収益・費用の原因が発生した時期に，それらを帰属させるのです。こうした考え方を，**発生主義会計**とも呼んでいます。

このことから，当期に負担すべき金額を当期の費用または損失として計上（借方は，費用項目）し，これに相応する金額を貸方に引当金として設定しなければならないのです。

上の(1)と(2)の条件は，「**将来において発生する費用のうち，その発生の原因が当期にある部分**」という意味です。当期においては，費用は未発生なのです。

CHAPTER 15 引当金会計の考え方

▶ 支出が先，費用配分が後

　費用は，多くの場合，その支出時に資産として認識され，その後，資産の効用が及ぶ各期間に配分されます。つまり，**通常，費用はその支出が先行**するのです。しかし，引当金が設定されるような条件のときは，逆に，**費用が先に計上されて，後から，支出**が行われます。

　支出が先に行われている場合は，配分する金額の合計額（支出額＝取得原価）はわかっていますから，一定の**原価配分法**（先入先出法とか定額法など）を適用するだけで，費用の見積もりという問題は生じません。

▶ 費用配分が先，支出が後

　しかし，**費用が先に計上され，その支出が後の期間になされる**という場合は，費用を見積もって計上しなければなりません。しかし，将来に発生する費用を正確に見積もることはできません。そうしたことから，引当金を使った利益操作が行われることが多いのです。

　例えば，**製品保証引当金**は，当期までに販売した製品について，次期以降に無償で修理や取替を約束している場合に要する費用を見積もり計上するものですが，必要な費用を多めに見積もれば利益を少なくすることができるし，少なめに見積もれば利益を過大にすることができるのです。

　上で述べましたように，**会計上，引当金は，任意に計上するものではなく，その条件を満たす場合には必ず計上しなければならない**のです。

　ここでちょっと考えてください。**会計上は必ず計上しなければならない**，という意味です。これを計上しないと，どうなるのでしょうか。

171

会計上の引当金を設定する目的

これは、引当金をなぜ設定するかという質問と同じです。引当金を設定する目的は、**資産の価額を現在価値に修正するためである**とする考えもあります。

しかし、こうした**静態論的な解釈**をしますと、棚卸資産や有価証券の時価下落に対しても引当金を設定しなければなりません。期中の土地や建物に時価の下落があっても、次期以降に売却すれば損失が発現します。こうした場合にも引当金を設定しなければなりません。

引当金は、こうした静態的な思考をベースにしたものではなく、**動態論をベース**としています。つまり、**動態論においては、期間損益計算を適正化するために、その期に帰属する費用・損失はその期に計上するという考え方**をとっています。引当金は、そうした動態論に基づいたものです。

企業会計審議会は、「引当金の部を存置しないことを可とする企業会計審議会意見の理由について」という文書の中で次のように述べています。

損益法に基づく引当金（企業会計原則）

「企業会計原則は、損益法・誘導法原理を採っており、引当金についてもこの原理に基づいて概念構成をしている。したがって、債務たる引当金（例えば製品保証引当金）と債務でない引当金（例えば修繕引当金）を区別する考え方を採っていない。」

ですから,もし,上の4つの条件が揃っていながら引当金を設定しないとすると,損益法・誘導法を基にした**期間損益計算が歪められる**ことになります。当期に負担すべき費用や損失が次期以降の負担とされてしまうのです。

▶ 貸倒引当金のケース

こうした**動態論の考え**は,**貸倒引当金**の場合でも取られています。貸倒引当金は,資産(売掛金,受取手形,貸付金)から控除する形で表示されるために,資産を評価するための評価勘定と考えられることもありますが,実はそうではありません。

貸倒引当金は,次期以降に発生する貸倒損失のうち,当期に発生原因がある部分を当期の損失として計上するために設定されるのです。あくまでも,期間損益計算を適正化するために設定されるものです。

評価性引当金と負債性引当金

会計上の引当金は,その性格の違いから,資産からの控除項目となるものと,負債性を持つものとに分類されます。前者を「評価性引当金」といい,後者を「負債性引当金」といいます。現在,企業会計原則ではこうした分類はしていませんが,引当金を説明するには便利ですので,以下,必要のある範囲で使うことにします。

```
┌─────────────────────────────────────────────────────────┐
│                    引当金の分類                          │
│  ┌評価性引当金(資産の部) ── 資産項目のマイナス勘定       │
│  ┤                                                      │
│  │                     ┌ 債務たる引当金 (条件付債務)    │
│  │                     │  ・製品保証引当金，退職給付引当金……│
│  └負債性引当金(負債の部)┤ 債務でない引当金              │
│                        └  ・修繕引当金，損害補償損失引当金……│
└─────────────────────────────────────────────────────────┘
```

(1) 評価性引当金

　評価性引当金は，ある資産が将来において価値が減少したり損失が生じたりする場合で，その価値減少・損失の発生原因が当期にあるときに設定されます。設定された引当金は，通常，貸借対照表上，特定の資産から控除する形で表示されます。

　具体的には，**貸倒引当金**です。現在の会計では，他には評価性引当金はありません。この引当金も，後で詳しく述べますが，特定の資産を評価するためのものではありません。したがって，資産から控除する形で表示するのは適切ではありません。

▶ 棚卸低価引当金？

　かつて，低価法を洗い替え方式で適用する場合に，**棚卸低価引当金**などが設定されたこともありました。しかし，**低価評価損**は，すでに発生したものであって，「将来において発生する費用・損失」ではありません。現在では，引当金から外して，「**低価評価切下額**」などという名称で，棚卸資産価額から控除しています。

▶ 減価償却引当金？

　かつてはまた,**減価償却引当金**という項目もありました。しかし,この引当金は,上に紹介した引当金の設定条件に合いません。減価償却費も**既発生の費用**で,「将来において発生する特定の費用または損失」を見込み計上するものではないのです。そのため,現在では,減価償却引当金は引当金のカテゴリーから外されて,**減価償却累計額**と呼ばれています。

(2)　**負債性引当金**

　貸倒引当金以外の,すべての会計上の引当金は,**負債性引当金**というグループに分類されます。**設定される引当金が,貸借対照表の負債の部に掲記されることから,「負債性引当金」**と呼ばれています。

　すでに述べましたように,企業会計原則では,引当金を負債性のものと評価性のものに分類することはやめました。しかし,会計処理上は,評価性引当金は資産からの控除という形式を取り,負債性引当金は負債の部に掲記するという別扱いにしています。

▶ 「負債性」と「債務性」

　ここで「**債務性**」といわずに,「**負債性**」といっていることに注目してください。「**債務性**」というのは,「**(法的な) 債務であるかどうか**」をいい,「**負債性**」は,「**会計上の負債の部に掲げられるかどうか**」をいっています。似ていますが,実は,かなり違います。

　会計では,別に「**評価性引当金**」がありますから,それ以外の引当金に名称をつける必要があったのでしょう。それで,「**負債の部に掲げる**」ことから,「**負債性**」引当金という名称を使うようになったのです。今から考えますと,この「負債性」という名称は,多くの誤解を招く元になりました。

将来に支払う費用に「債務性」があれば，会計でも会社法でも，**引当金**とせずに，**未払費用**とします。当期の**費用にならない債務**は，**未払金**です。**未払家賃**と**借入金**の違いを考えてみればわかります。

会計上の負債性引当金は，**債務性を問わず**，損益法に基づく期間損益計算を適正に行うという目的から，**当期に負担する費用を計上し**，その貸方科目として負債の部に掲記されるものです。会計的には，貸方項目であることを主張できても，それらを「負債」だと主張するのはいいすぎかもしれません。

会計では，「負債が発生したから負債性引当金を設定する」というのではないのです。あくまでも，適正な期間損益計算を行うために，**当期に属する費用を計上したときの貸方科目**です。それらの項目が，他の負債項目（買掛金，借入金，未払費用など）と同質なものであるかどうかといった検討をせずに，負債の部に掲記させるために，「負債性」という名称がついているのです。

▶ 注解18の引当金項目

企業会計審議会が公表した「**負債性引当金等に係る企業会計原則注解の修正に関する解釈指針**」（昭和57年）では，次のように述べています。

負債性引当金等に係る企業会計原則注解の修正に関する解釈指針－⑤

「(修正後の) 注解18に掲げられている引当金項目は，実務の参考に供するための例示であるが，この例示に関しては，次の点に留意することを要する。

すなわち，この例示は，このような科目・名称を用いれば，いかなる引当項目もその性格・金額等のいかんにかかわらず，すべて注解18に定める引当金として正当視されることを意味するものではない。

　また，この例示は，未払金又は未払費用として処理されるべき項目を引当金として処理すべきことを要求しているものでもない。例えば，注解に『賞与引当金』が掲げられているが，これは，従業員に対する賞与の引当計上が同注解に定める引当金の要件に該当する場合には，これを賞与引当金として計上すべきことを定めているものであつて，その性格が未払賞与たるものについても，これを賞与引当金として処理すべきことを要求しているものではない。」

　この解釈指針は，会計理論の観点からも実務の観点からも，非常に重要なことを述べています。つまり，注解・注18にはたくさんの引当金が例示されているが，こうした科目・名称を用いても，すべて注解・注18にいう引当金に該当するというわけではないのです。

　例として，「賞与引当金」が上げられています。**賞与の支払いが，労働協約や賞与支給規定などによって決まっている場合**には，支給が翌期になるとしても，**当期末にすでに費用は発生**しており，引当金を設定するのではなく，「**未払賞与**」という負債を計上するべきであるというのです。つまり，期末の債務を負債の部に計上するのです。

　注解が例示する「賞与引当金」は，賞与に関して労働協約がなく，就業規則にも賞与に関する定めがないながらも，会社が慣行として，盆暮れなどに賞与を支給しているようなケースを想定しています。こうしたケースで，賞与を翌期になってから支払うとすれば，当期末に支払予定額を費用

に計上し，その額を賞与引当金として計上します。ここには，期末の債務を計上するという考えはなく，あくまでも，**期間損益計算上，当期の負担とするべき費用の額を計上する**のです。

▶ 会社法における引当金規定

会社計算規則6条は，「**負債の評価**」を次のように規定しています（アンダーラインは著者が加えました）。

会社計算規則　6条

「負債については……債務額を付さなければならない。
2　次に掲げる負債については，事業年度の末日においてその時の時価又は適正な価格を付すことができる。
　一　次に掲げるもののほか将来の費用又は損失（収益の控除を含む。以下，この号において同じ。）の発生に備えて，その合理的な見積額のうち当該事業年度の負担に属する金額を費用又は損失として繰り入れることにより計上すべき引当金（株主等に対して役務を提供する場合において計上すべき引当金を含む。）
　　イ　退職給付引当金（使用人が退職した後に当該使用人に退職一時金，退職年金その他これらに類する財産の支給をする場合における事業年度の末日において繰り入れるべき引当金をいう。）
　　ロ　返品調整引当金（常時，販売するたな卸資産につき，当該販売の際の価額による買戻しに係る特約を結んでいる場合における事業年度の末日において繰り入れるべき引当金をいう。）
　二　払込みを受けた金額が債務額と異なる社債
　三　前二号に掲げる負債のほか，事業年度の末日においてその時の時価又は適正な価格を付すことが適当な負債」

CHAPTER 15 引当金会計の考え方

▶ **株主に対して役務を提供する場合において計上すべき引当金**

　上に紹介した会社計算規則6条2項1号に，カッコ書きで表記の引当金が掲げられていますが，これは，役務の提供が株主であっても引当金を計上すべき時には負債（引当金）に適正な価格を付すことができることを規定したものです。例としては，株主に提供される「株主優待」などが考えられます。

▶ **旧商法の引当金は任意計上**

　旧商法施行規則43条では，「特定の費用又は損失に備えるための引当金」は，「その営業年度の費用又は損失とすることを相当とする額」を，「貸借対照表の負債の部に計上することができる」としていました。

　旧商法施行規則43条でいう引当金は，「**商法の考えからすると債務性はないが，会計でいう期間損益計算の考えを受け入れて，会計上の引当金を計上することを許容したもの**」です。ですから，旧商法では，こうした**期間損益計算思考から設定される引当金を計上するのもしないのも，企業の自由**としていたのです。

▶ **会社法の引当金は強制計上**

　上に紹介した会社計算規則では，**負債**を「**債務額**」で計上することを規定した上で，負債のうち，「**退職給付引当金**」「**返品調整引当金**」および「**時価又は適正な価格を付すことが適当な負債**」については「**時価**」か「**適正な価格**」を付すことができる，としています。

　この「**債務額と異なる**」「**適当な価格**」として想定しているのは，条文にある，「**将来の費用又は損失の発生に備えて（計上すべき引当金の）合理的な見積額のうち当該事業年度の負担に属する金額を費用又は損失として繰り入れる**」**べき金額**であろうと思われます。期間損益計算を適正に行

179

うために計上される将来の費用または損失のうち，当期が負担すべき額ということになるでしょう。

　かくして，「**会社法のいう引当金**」と「**会計でいう引当金**」は差異がなくなったといえるでしょう。しかし，そうはいっても，引当金に関する問題がすべて解消したわけではありません。次に，企業会計原則が例示する引当金を，個別に検討してみることにします。

CHAPTER 16

引当金各論

♣ GUIDANCE

　上の章では，引当金に関する総論を述べました。では，以下，個々の引当金について，上に述べたことが当てはまるかどうか，検討してみましょう。

　すべての項目について，(1)将来の費用または損失が，当期に発生原因があるかどうかと，(2)期末の負債額・債務額を表示しようとしているのかどうかの2点を検討したいと思います。

　ここで，(1)は，会計上の引当金に該当するかどうかの判断に，(2)は，法律上の債務性があるかどうかの判断に使われます。(1)をクリアすれば引当金となり，さらに(2)で債務性があるとされれば，引当金ではなく「法律上の債務」としてB／Sの負債の部に掲記されます。

　先にお断りしておかなければならないのは，上で述べた総論，特に，引当金の設定条件を個々の引当金に当てはめてみますと，ほとんど説明がつかないことです。総論では，つまり，頭では，「引当金」がいかなるものかを理解していても，現実には，そうした条件を満たすような引当金はほとんどありません。

企業会計原則注解・注18の矛盾

　注解・注18は，最初に「引当金設定の条件」を示しておいて，後段でその例を列挙しています。ところが，見方によっては，前段の条件に合わない引当金も列挙されています。

▶ **設定条件に合わない例示項目**

　設定条件で「**将来の特定の費用または損失**」といいながら「**当期にすでに発生済みの費用**」に対する引当金（例えば，退職給付引当金）が例示されていたり，「**発生が当期以前の事象に起因**」という条件がついているにもかかわらず，「**費用の発生原因が次期以降**」になる引当金（例えば，修繕引当金）が例示されていたりします。

　注解・注18の総論（引当金設定の条件）と各論（例示されている個々の引当金）を，矛盾なく説明できればいいのですが，それが難しいのです。

　いずれの引当金も会計制度上認められている引当金ですから，どのテキストも，多少の無理をしてでも，それらの引当金を「会計上の引当金」として説明しようとしています。総論と各論の矛盾を避けるために，総論だけ紹介して，各論をほとんど書かないテキストもありますし，逆に，個々の引当金を説明するだけで総論を書かないテキストもあります。これは，現在の会計制度をすべて肯定的に解説するテキストや解説書の限界かもしれません。

　以下では，通論や通説的な理解をできるだけ尊重しながら，個々の引当金が上記の「引当金設定の４条件」，すなわち，(1)将来における特定の費用または損失，(2)当期以前の事象に起因，(3)発生の可能性，(4)見積もりの

合理性，という4条件に照らして，これらをクリアしているかどうか，また，クリアしている場合には，その引当金に債務性が認められるかどうかを検討します。

4つの条件をクリアすれば，その項目は，「引当金」です。4条件をクリアした引当金が**債務性あり**と判断されるならば，それは「**法律上の債務**」としてB／Sに掲記します。

(1) 貸倒引当金

貸倒引当金は，上にも述べましたように，資産（売掛金，受取手形，貸付金）から控除する形で表示されるために，**資産を評価するための評価勘定**と考えられることもあります。実はそうではありません。

KEYWORD

評価勘定──資産・負債・資本として記載されている金額（総額）を現在の価値（純額）に修正するためのマイナス項目をいいます。

例えば，減価償却累計額は，固定資産を取得原価で貸借対照表に記載し，これから今日までの減価分を控除するために，資産のマイナス項目として，資産と同じ借方に記載されるものです。

貸借対照表

建　物	100,000	
減価償却累計額	9,000	91,000

貸倒引当金は，次期以降に発生する貸倒損失のうち，当期に発生原因がある部分を当期の損失として計上するために設定されるのです。あくまでも，適正な期間損益計算を行うために設定されるものです。

　企業会計原則では，「**受取手形，売掛金その他の債権の貸借対照表価額は，債権金額又は取得価額から正常な貸倒見積高を控除した金額とする**」（貸借対照表原則五Ｃ）としています。

　ここで「正常な貸倒」といっているのは，個々の債権を回収可能性という観点から評価したものではなく，**債権全体に生じる貸倒れの確率を経験から割り出したもの**を指しています。「正常な」という限定は，過去の経験から判断して正常性があること，つまり，**当期費用として計上することの妥当性**を指しているのです。

　ところが，会社法は，株式会社の**金銭債権**について，次のような評価規定をおいています（会社計算規則５条４項）。

> 「**取立(とりたて)不能のおそれのある債権については，事業年度の末日においてその時に取り立てることができないと見込まれる額を控除しなければならない。**」

　会社法は，このように，**金銭債権を個々別々に回収可能性を評価して，回収不能と見込まれる部分は債権価額から直接控除**することを求めています。過去の経験率から貸倒額を推計しようというのではありません。控除された「取立不能見込額」は，発生済みの費用であり，同額が損益計算書に損失計上されます。

(2) 賞与引当金

わが国では、一般に、盆と暮に、従業員にボーナス（賞与）が支給されます。ボーナスは、労働協約や賞与支給規定などによって支給対象となる期間や金額が決まっていますが、決算期と支払時期がずれるのが普通です。

前年12月から当年5月までの勤務に対して6月にボーナスが支払われ、6月から11月までの勤務に対して12月にボーナスが支払われることになっていたとします。決算が3月末日ですと、12月から3月までの期間の勤務に対するボーナスは、すでに**発生**しています。法律上も**支払義務**がありますし、従業員には**支払請求権**があります。

こうした場合に、すでに勤務した期間に対応するボーナスの金額を見積もり、これを当期が負担する費用として計上し、実際に支払う次期まで、「**賞与引当金**」として貸方に計上するのです。

会計では、この賞与引当金を「**(負債性) 引当金**」としています。当期に帰属すべき費用を計上するものであること、期間損益計算の適正化のための引当金であること、が理由です。

▶ 労働協約がある場合

しかし、ボーナスの支給が、**労働協約**や**賞与支給規定**などによって決まっている場合には、**すでに費用は発生**しており、引当金の設定条件である「**将来の費用または損失**」には該当しません。法的な観点から見ても、**債務性を認めることができる**ようです。

こうした場合には、引当金というよりも、「**未払賞与（金）**」という負債勘定で処理した方が適切であろうと思います。

企業会計審議会の「解釈指針」でも，労働協約等によって，すでに**期末までに確定債務となっている賞与**については，「**未払賞与**」として処理することを示唆しています。

▶ 労働協約によらない賞与

賞与に関する労働協約がなく，就業規則にも賞与に関する定めがないながらも，**会社が慣行として，盆暮れに賞与を支給**していることもありますし，経営者が賞与の支給を公言することもあります。こうした場合の賞与を翌期になってから支払うとすれば，当期末に「**引当金**」を設定しなければなりません。

当期末において，この賞与は，未払金としての性格もなければ債務性もありません。賞与引当金が設定されるのは，本来，こうした労働協約等に基づかずに賞与の支給が予定される場合に限られるのです。

▶ 役員賞与引当金

なお，役員賞与に対してはこれまで引当金を設定せず，利益処分によって会計処理してきました。平成16年の「実務対応報告第13号」により，今後は，**役員賞与も発生時に費用として処理**されることになりました。したがって，役員賞与が発生する期において**役員賞与引当金**が設定されます。

(3) 退職給付引当金

企業は，労働協約，就業規則，退職金支給規定などで約束している場合，従業員が退職しますと，退職金や退職年金を支給します。そうした退職給付は，退職時の一時に発生するものではなく，従業員の在職期間中に，**その勤続年数が増加するにつれて発生する費用**です。

そこで，従業員に退職金等を支払うという事実がまだなくても，その支出の原因または支出の効果が当期に発生していれば，その当期において発生した給付額を損益計算書に費用として計上します。

▶ 当期費用額の計算

当期に計上する費用額は，それを直接に求めることはせず，各期末に，**契約に基づく退職給付の要支給額**を計算して，当期における**要支給額の増加分**を当期費用として計上するのです。このとき，貸方項目とされるのが，**退職給付引当金**です。

退職給付は，従業員との契約に基づいて，勤務期間の長さに応じて支給されるものですから，毎期の発生額は，期間損益計算上も費用に計上すべきものです。

▶ 就業規則で支払いが約束されている場合

しかし，この引当金も，上の賞与引当金と同様，**就業規則等によって約束されたものである場合**は，注解・注18にいう引当金の設定条件を満たしていません。**当期に負担すべき費用はすでに発生**しており，「**将来の費用または損失**」に該当しないからです。

また，**債務性**が認められます。仮に，当期末に従業員が退職したとすればいくら支払うことになるかがわかっていますから，これは，「**未払退職給付金**」として表示するべきものです。

▶ 慣行として支払われる場合

かつてわが国では，多くの企業において，退職金に関する規定や労働協約がなく，慣行として退職金が支払われてきました。現在でも，中小企業では，従業員との約束ではなく，慣行として退職金を支払っています。

退職給付引当金が「引当金」として設定されるとすれば，労使協約などによらず，慣行として支払われるような場合に限られます。筋を通していえば，そういうことになると思います。

　労使協約等ではなく，**慣行として支払われる場合**は，費用は未発生ですが当期の負担分に当期費用性を認めることができますから，引当金になります。この場合は「退職給付引当金」として表示します。

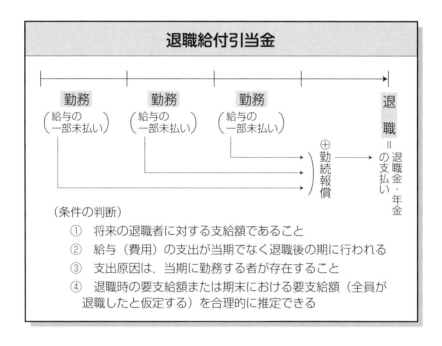

(4) 製品保証引当金

　当企業が販売する製品に，一定の期間，部品交換・無償修理等の保証をつけることがあります。一般に，**保証書**が発行されます。

パソコンを買っても車を買っても，1年間とか2年間の保証期間があります。その期間内に一定の故障などが発生した場合に，製造者または販売者が部品交換や修理を無償で行います。

▶ **当期に販売した製品の修理費用**
　製造・販売する企業にすれば，無償で行う部品交換や修理などの費用は，製品を販売したという事実を原因としているので，**当期に販売した製品に対して当期中にクレームが生じた場合**は，その費用は当期に計上します。

▶ **次期以降の修理費用**
　当期に販売しながら次期以降にクレームが生じた場合，次期以降の期間に修理費や部品交換費を負担させるのは，期間損益計算の見地から好ましくありません。

　そこで，**製品保証**をつけている場合は，**製品を販売した期の収益に修理費等を見積もって負担させる**必要があり，そうして費用が計上される場合の貸方科目として「**製品保証引当金**」が設定されます。

　会計の立場からは，これは適正な期間損益計算を行うために，「将来の費用または損失」のうち，当期に帰属させるべき費用を計上するものです。

▶ **条件は債務**
　法的には，この引当金は**債務性**が認められます。保証書によって，保証期間内に生じるクレームに対して，部品交換等の費用を負担することを約束しているからです。クレームがついて初めて債務となるところから，こうした債務を「**条件付債務**」と呼びます。

(5) 返品調整引当金

　出版業界，医薬品業界などでは，製造業者や卸売業者が，いちいち注文をとらずに，一方的に商品を小売店に送りつける販売方式が一般的です。

　そういう方式で販売した商品は，**一定の期間，当初の販売価額で買い戻す特約**を小売店と結んでいます。そのために，当期に小売店に販売した商品が，次期において大量に返品されてくることもあります。

▶ 返品に含まれる利益

　こうした特約を結んでいる場合，当期の売上高には，次期に返品されてくる商品の利益が多額に含まれることになります。そこで，当期末に，次期における返品高を見積もり，その**売上取消分に含まれる利益相当分**を，当期の利益からマイナスすべき額として費用計上し，これに対する貸方科目として「**返品調整引当金**」を設定します。

▶ 収益控除性の引当金

　本来ですと，**損益計算書の売上総利益から控除すべき性格の引当金**です。そのために，「**収益控除性の引当金**」といった説明をすることもあります。「本来は，収益項目から控除すべきであるが，負債の部に計上される引当金」ということでしょう。

　この引当金も，期間損益計算を適正化するために設定されるものです。「収益控除性」といっても，**計上される収益（売上総利益）から「実現されそうもない部分」を控除**するものであり，資産を評価するものではありません。

こうした販売契約は，実は，「**試用販売**」や「**委託販売**」と同じ側面があります。つまり，商品を一方的に送りつけるのですから，商品を送りつけた段階で売上げを計上するのは，業界の慣行として行われていても，会計のルールからは認められるものではないのです。

▶ 本質は未実現利益

この方式によって小売店に商品を送りつけても，実は，会計上は「**未実現収益**」にすぎないのです。返品期間が経過するか，販売済みであることが確認できるまでは，販売は実現していないのです。そう考えますと，返品調整引当金の本質は，「**未実現利益**」です。

ただし，実務では，(1)送りつけた商品がほとんど小売店で販売されること，(2)取扱商品が多品種・大量に上るので，委託販売や試用販売のように，販売の事実を確認するのが困難なこと，などを理由に，商品を発送した段階で売上げを計上し，この引当金を設定することで**未実現利益を控除**しているのです。

▶ 債務性の有無

この引当金には，**債務性があるとする説**と，**債務性がないとする説**があります。債務性を認めるのは，返品契約を結んでいるのだから返品に応じる義務があり，債務性があるということでしょうか。

しかし，返品を受けたときの処理は，あくまでも，**売上げの取消**，つまり，**実現の取消**です。小売店に何かを支払うわけでもありませんし，費用や損失が発生するわけでもありません。

▶会社法における返品調整引当金の扱い

会社計算規則では返品調整引当金を，次のように定義しています。

> **返品調整引当金の定義（会社計算規則６条２項１－ロ）**
>
> 「常時，販売するたな卸資産につき，当該販売の際の価額による買戻しに係る特約を結んでいる場合における事業年度の末日において繰り入れるべき引当金」

会社計算規則では，返品調整引当金・退職給付引当金などの**負債**の計上に関して，「将来の費用又は損失（収益の控除を含む）の発生に備えて計上する引当金」に「時価又は適正な価格」を付すことができるとしています（６条２項）。

ここで，「収益の控除」とされるものとしては，**会社法**には具体的に示されていないが，**返品調整引当金**がこれに該当すると考えられます。

(6) 売上割戻引当金

売上割戻しは，一定の期間に多額・多量の商品を購入した得意先に支払うリベート（返戻額）です。期中における売上高に関連して次期に支払うことを約束したリベートは，支払時期に関係なく，当期のリベートとして処理します。

▶売上修正か販売費か

売上げに関するリベートには，**売上高の修正**（控除項目）とする解釈と**販売費**とする解釈があります。

売上割戻しは，一般に現金で支払うか得意先の売掛金を減少します。これに代えて，旅行・ゴルフ・食事などへの招待，社長夫人や役員へのプレゼントという形を取ることもあります。得意先に景品引換券を交付して，集めた枚数・点数に応じて景品を引き渡すという**販売促進**の方法もあります。これらは，**販売費**として処理されます。

　同じ販売促進のための負担でも，現金でなされるものは「収益控除」とし，それ以外のものは「販売費（交際費）」とするというのでは処理に一貫性がありません。販売促進のための売上割戻しもプレゼントも，すべて費用とする方が一貫した説明ができそうです。

　ところで，売上割戻しを**販売費**と考えますと，**当期の売上げに関連して次期に支払いを約束した売上割戻しは**，当期に帰属する費用です。

　そこで，当期の費用を計上するときに，その貸方科目として設定されるのが，「**売上割戻引当金**」です。

　この引当金は，次期に支払い（または，売掛金の減額）を約束したものである限り，**債務性**が認められます。

▶ 収益からの控除

　収益からの控除とみますと，上の「返品調整引当金」と同様に，売上げの取消を意味します。小売店に対する債権の計上が過大であった分を減額するだけのことです。費用や損失が発生するわけでもありません。したがって，売上割戻しを収益からの控除と解釈しますと，引当金を設定する必要はありません。

(7) 債務保証損失引当金・損害補償損失引当金

債務保証損失引当金は，例えば，親会社が子会社の債務について保証人となっている場合に，子会社が債務を履行できなくなる可能性が高くなってきたときに設定されるものです。

また，**損害補償損失引当金**は，例えば，取引先などから債務不履行などを理由に，損害賠償請求の訴えがなされており，裁判によって賠償の義務が生じる可能性が高くなってきた場合に設定されるものです。

▶ 当期負担額

いずれの引当金も，上記の引当金設定条件に合致しているようにもみえますが，難問が1つあります。それは，債務保証による当社の負担額あるいは損害賠償額のうち，いったい，**当期に帰属する金額**はいくらなのかということです。

債務保証や損害補償の損失に備えて，「少しずつ準備していこう」という考えは，引当金にはありません。引当金は，損益法の考え方から強制的に計上させるものですから，当期までに負担すべき費用額・損失額は，すべて当期までに計上されていなければならないのです。

▶ 予想損失の全額積立て

ですから，もし，当期にいたって，債務保証や損害補償による損失が見込まれるようになった場合には，予想される損失のほぼ全額を当期に引当てなければなりません。

債務保証や損害補償による損失は巨額に上りますから，そのほとんどを一期に負担させることはできません。また，損失のほとんどを損害が生じる可能性が高くなった期の負担とすることも不合理です。

要するに，これらの引当金を設定するときの費用または損失には，金額的に見て，**当期の収益との対応性**がないのです。**費用に当期性がない**ともいえます。そうした費用・損失を当期の損益計算に算入しますと，まちがいなく，期間損益計算を歪(ゆが)めることになるでしょう。

整理しますと，これらの引当金繰入額には当期費用性がありませんから，引当金にはなりません。債務保証による支払いが決まったり敗訴(はいそ)したりするまでは，確定債務ではありませんから，債務性もありません。

こうした損失に対しては，むしろ，剰余金の処分を通して**積立金**を用意すべきです。

(8) 修繕引当金

例えば，いつもは年度末近くに修繕しているものを，たまたま資金事情が悪いとか，修繕業者の不都合とかで，翌年度に修繕が持ち越されたとします。このような場合には，期間損益を歪(ゆが)めないために，当期に負担すべきであった修繕費を見積もり計上して，引当金を設定するのです。

▶ 車検費用も長期

道路運送車両法による**車検**も，内容は修繕です。2年後や3年後に受ける車検の費用を引当経理すれば，長期性の引当金となります。

修繕引当金は，債務性がありません。2年後に車検を受けることを義務づけられるのは，さらに，**使用期間を延長**するときだけです。ですから，車検に要する**費用**（**修繕費**）は，「将来，固定資産を使用するためのコスト」であって，「これまで，固定資産を使用してきたことから生じるコスト」ではないのです。

したがって，この費用には，当期性（当期の費用としての性格）がありません。要するに，引当金の要件を備えていないのです。

以上，注解・注18が例示する引当金について，個別に検討してきました。個別に見ますと，注解・注18が冒頭に掲げている「**引当金設定の条件**」を満たしているのは，貸倒引当金，労働協約等によらない賞与や退職給付に対する引当金，製品保証引当金，売上割戻引当金などで，あとは設定の条件を満たしていません。

なぜこうした妙なことになったかといいますと，注解・注18が，前段で会計の考え方（引当金設定の条件）を述べ，後段で，実務上認められている引当金を列挙したからです。実務において使われてきた「引当金」は，会計理論（期間損益計算）をベースとしたものだけではないのです。

CHAPTER 17

資産除去債務

♣ GUIDANCE

　企業会計基準委員会は，平成20（2008）年に企業会計基準第18号「資産除去債務に関する会計基準」と企業会計基準適用指針第21号「資産除去債務に関する会計基準の適用指針」を公表しました。

　これまでわが国では，資産除去に係る債務を負債として計上する実務はありませんでしたが，国際会計基準（IFRS・IAS）とのコンバージェンス（収斂）を進めるために新しく基準を設定したのです。今後は，有形固定資産の取得，建設，開発または通常の使用によって資産除去債務が発生した場合には，これを負債として計上し，同時に，同額を有形固定資産の取得原価に加算することになります。

　資産除去債務を認識・計上する一方で，その債務額と同額を資産の取得原価に加算するというのは，伝統的な「収益費用アプローチ」ではなく，「資産負債アプローチ」からの発想です。会計上の「資産の概念」を破壊するという強い批判もあります。

資産除去債務のパラドックス

　わが国の企業会計基準第18号「資産除去債務に関する会計基準（以下，基準と呼ぶ）」（2008年3月31日）は，国際会計基準（IAS 16）とのコンバージェンスのために設定された基準です。

　IAS 16によれば，**有形固定資産の解体，撤去，原状回復の義務**を負っている場合には，**資産の取得原価に，将来発生する解体，原状回復等の費用を加算**して資産計上し，その加算する額と同額を「**資産除去債務**」として負債に計上しなければならないことになっています。基準は，その規定を取り込んだものです。以下，基準の文言で紹介します。

▶ 資産除去債務

　基準によれば，「**資産除去債務**」とは，「有形固定資産の取得，建設，開発又は通常の使用によって生じ，当該有形固定資産の除去に関して**法令又は契約で要求される法律上の義務**及びそれに準ずるもの」（3(1)）をいうとされています。建設仮勘定，リース資産，投資不動産も対象とされます。**アスベスト**のように，「有形固定資産に使用されている有害物質等を法律等の要求による特別の方法で除去するという義務」も資産除去債務に含まれます。

▶ 解体費用と除去費用

　少し具体的な事例を挙げて説明しましょう。現在使用中の建物に**飛散性のアスベスト**が使用されているとします。「石綿障害予防規則」（厚生労働省令）では，この建物を解体するときに，アスベストの事前調査を義務付け，作業中の飛散の状況に応じて除去の仕方を規定しています。この建物を解体するには解体費用の他にアスベスト除去費用がかかります。この**解**

体費用と除去費用が資産除去債務に該当するのです。

　法令による資産除去債務の例としては，他にも，**PCB特別措置法によるPCBの処理・運搬費用**，**土壌汚染対策法に基づく調査・浄化費用**などがあります。

　もう１つ，**契約の規定による資産除去債務**の例を挙げます。30年の定期借地権契約で土地（更地）を借りて工場を建設したとしましょう。30年後に土地を更地で（原状回復して）返還する契約になっているとすれば，返還時に**建物の解体費用**が発生するでしょう。この解体費用が資産除去債務に該当します。

▶ 資産除去引当金？

　基準では，こうした資産除去債務が発生し，その金額を合理的に見積もることができる場合には，これを負債として計上することにしています。一読して，（**負債性**）**引当金**を連想する方も多いのではないでしょうか。引当金は，「将来の特定の費用又は損失であって，その発生が当期以前の事象に起因し，発生の可能性が高く，その金額を合理的に見積もることができる場合」（企業会計原則注解・注18）に，当期の負担に属する金額を当期の費用または損失として計上したときの貸方項目です。

　比較的なじみのある事例としては，船舶安全法や消防法によって数年ごとの大修繕（特別修繕）が義務づけられている船舶や貯水槽などの固定資産に係る「**特別修繕引当金**」（税法上の引当金。平成10年度の税制改正で廃止）があります。

　資産除去債務も，「将来の特定の費用又は損失」であり，「その発生が当期以前の事象に起因」するものであり，「発生（の可能性）」は確実ですか

ら，この費用額を合理的に見積もることができる場合は「**資産除去引当金**」を設定する……というのが，従来からの会計処理であろうと思われます。

債務を資産に計上する不思議

ところが，基準は，なんと驚くことに，この債務の額を固定資産の取得原価に加算してバランスシートに載せてしまうのです。これだけいっても何のことかよく分からないかもしれません。定期借地権を例にしてみるとこんな話です。

上に例示した話では，30年の定期借地権契約で土地（更地）を借りて工場を建設し，30年後に土地を更地で（原状回復して）返還する契約になっています。返還時に建物の解体費用が発生し，この解体費用が資産除去債務に該当します。この土地に100億円をかけて工場を建設したとしましょう。30年後にこの工場を解体して更地で地主に返還するのです。その解体等に係る費用（資産除去債務）が10億円と見積もられているとします。

▶ **従来の会計処理**

これまでの会計処理では，土地を賃貸する費用は毎期の費用であり，工場の建設費用100億円は固定資産に計上されます。30年後に支出される資産除去にかかわる費用10億円は，毎期，その期の負担分（10億円の30分の1）が費用として計上され，同額の引当金が積まれることになるでしょう。30年後にかかる資産除去費用の発生原因が，当期（各期）の建物利用にあるのですから，その費用は利用する各期に配分し，同額を引当金として積み立てておき，実際の支払いに備える……これが今までの「健全な会計」処理でした。

▶ 資産を水増しする会計基準

ところが基準では、30年後に発生すると予想される「資産除去に係る費用（10億円）」を、この工場の取得原価100億円に上乗せして、バランスシートに110億円として載せるのです。100億円で取得した工場の貸借対照表価額を110億円とするのはなぜでしょうか。普通の会計観であれば、「資産の水増し」ですが、会計基準が「資産の水増し」を強制するのはなぜでしょうか。

基準によれば、資産の取得原価に資産除去債務を加算して貸借対照表価額とすれば、取得後はその110億円を取得原価として減価償却費が計算され、耐用年数が終わるころには取得原価100億円プラス資産除去債務の10億円が費用として計上され、同額の資金が回収されるはずだというのです。

普通の、いや、これまでの会計感覚からすれば、100億円を投資したのであるから、100億円を回収すればよいはずですが、投下した資金（100億円）を超えて、資産除去に必要な10億円も「事前に」費用に計上して、「事後の支出」に備えているのです。

▶ 会計常識も経済常識も通用しない

買った資産が100億円だというのに、バランスシートに110億円と書くのは、伝統的な会計、いやこれまでの「健全な会計（sound accounting）」の歴史の中では、ありえない話です。

国際会計基準審議会（IASB）は将来的には棚卸資産も事業用の資産も含めて「全面時価会計」を画策しているので、いずれは固定資産の時価評価が導入されるかもしれませんが、その場合であっても、取得した段階では原価で記録（取得時には原価と時価が同じなので時価評価ともいえます）するでしょう。それを、買ったとたんに支払対価額を超える金額でバ

ランスシートに記載するのです。普通の経済感覚を持った人ならだれもが「おかしい」と感じるのではないでしょうか。

資産除去債務の会計処理

以下，基準に従った会計処理を紹介します。なお，企業会計基準適用指針第21号「資産除去債務に関する会計基準の適用指針」に，会計処理や除去債務の算定，見積りの変更などに関する「設例」が示されているので，必要に応じて参照して下さい。

▶ 資産除去債務の負債計上

基準では，資産除去債務は有形固定資産の取得，建設，開発または通常の使用によって発生したときに負債として計上するとしています(基準4)。債務を取得時，建設時，開発時に計上するケースもあれば，債務が通常の使用によって生じるケースもあります。

ただし，資産除去債務が発生したときに，この債務の金額を合理的に見積もることができないこともあります。その場合には債務額を合理的に見積もることができるようになった時点で負債として計上することになっています（基準5）。

▶ 資産除去債務の算定

資産除去債務はそれが発生したときに，有形固定資産の除去に要する「割引前の将来キャッシュ・フロー」を見積もり，「割引後の金額（割引価値）で算定」します（基準6）。割引率は，貨幣の時間的価値を反映した無リスクの税引前の利率を使います（基準6(2)）。

無リスクの利率を使うのは，有利子負債やリース債務と異なり，資産除去債務には明示的な金利キャッシュ・フローが含まれないことから，退職給付債務と同様の扱いをすることが会計基準全体と整合的になるからである，とされています（基準40）。

▶ 除去費用の資産計上と費用配分

資産除去債務に対応する除去費用は，資産除去債務を負債として計上したときに，その負債額と同額を，関連する有形固定資産の帳簿価額に加算します。資産計上された除去費用は，減価償却を通じて，この有形固定資産の残存耐用年数にわたって各期に費用配分するのです（基準7）。

有形固定資産の通常の使用によって**土地の汚染除去の義務**（原状回復費用等）が生じることがあります。土地の場合には減価償却の対象にならないので，こうした土地に生じた汚染除去の義務が法令や契約によって要求されている場合には，その土地の上に建てられている建物や構築物等に関連する資産除去債務と考えて，この有形固定資産の減価償却を通して各期に費用配分する（基準45）としています。

CHAPTER 18
会社法における資本金・準備金・剰余金

♣ GUIDANCE

　平成18年に，それまでの商法，有限会社法等を統合・再編して，会社法が制定されました。新しく制定された会社法においては，「資本金の計上・増減」に関する規制や，配当規制における資本金の位置づけは，基本的には，旧商法と変わっていません。会社法において変わったのは，資本金に直接関係する制度の外側のことです。

　会社法では，資本の額と会社の財産とは関係がなくなりました。会社の純資産が，計上している「資本」の額に満たなくなったとしても，会社法では何らの規制もしません。会社が保有する財産と資本の額とは無関係とされているのです。

　会社法では，「資本」については，会社財産から切り離して，単なる「資本金の額」という「バランスシート上の一計数」として位置づけています。

　このCHAPTERでは，新しい会社法における「資本制度」，「資本と準備金」「資本の部における計数の変動」「減資と欠損填補」「剰余金の配当」を取り上げます。

株式会社の資本制度

旧商法では、株式会社の「資本」は、会社の債権者を保護するための中心的な役割を担うものと捉えられてきました。株主に対する配当の規制も、「資本確定の原則」、「資本充実・維持の原則」、「資本不変の原則」という、資本3原則に沿うように定められてきました。

▶ 資本の額は単なる一計数

会社法では、「資本」については、「**資本金の額**」という「**バランスシート上の一計数**」としての位置づけに変更しています。

ここで、「**計数**」とは、『精選版日本国語大辞典』（小学館）によれば「①数を数えること。数の計算。算用。また、計算して出した数値。」とあります。会社法でいう「計数」とは、たぶん、この辞典でいう、「**計算して出した数値**」という意味であろうと思われます。

会社法においても、「資本金の計上・増減」に関する規制や、配当規制における資本金の位置づけは、基本的には、変わっていません。変わったのは、資本金に直接関係する制度の外側のことです。

▶ 旧商法における資本

旧商法では、会社が設立・新株発行に際して取得した財産の価額の全部または一部が資本として計上されました。ただし、会社が稼いだ利益が資本に組み入れられることもありました。

また，旧商法では，配当等によって会社の純資産が資本の額に満たなくなるようなことを認めていなかったし（旧商法290条1項），また，いったん計上した資本を減少するには，株主総会における**減資手続き**という，**債権者保護手続き**をとらなければなりませんでした（旧商法376条）。

▶ 会社法における資本

　会社法では，資本の額と会社の財産とは関係がありません。会社の純資産の額が計上している「資本」の額に満たなくなったとしても，会社法では何らの規制もしないのです。会社が保有する財産と資本の額とは無関係とされているのです。

■ 会社法における資本金と準備金の額

　会社法では，資本金の額や準備金の額について次のような規定があります。

▶ 会社法における資本金の額

　資本金の額は，原則として，株式会社の設立または株式の発行のときに「株主となる者が払込み又は給付をした財産の額」（**資本金等増加限度額**）です。つまり，一般的にいうと，**資本金の額は，株主が払い込んだ金額**です（会社法445条1項，会社計算規則13条）。

　ここで「払込み又は給付をした財産の額」とは，次のように計算します（会社計算規則14条1項，43条1項）。

払込み又は給付をした財産の額（資本金等増加限度額）

　　株主となる者が払い込んだ金銭の額
＋　株主となる者が給付した金銭以外の財産の価額

　ただし，次の金額を差し引くことを決めておくことができる。
－　会社の設立に要した費用の額のうち，「設立に際して資本金又は資本準備金の額として計上すべき額から減ずるべき額と定めた額」（会社計算規則43条1三）。《設立費》

－　「募集株式の交付に係る費用の額のうち，株式会社が資本金等増加限度額から減ずるべき額と定めた額」（会社計算規則14条1三）。《新株発行費》

▶ 資本金等増加限度額

　なお，ここで「**資本金等増加限度額**」とは，**株主から払い込まれた金銭等**をいいます。株主から払い込まれたり給付を受けたりした財産の額は，**株主資本**とされる額です。この財産の額が，新株発行においては，株主資本である「**資本金**」と「**資本準備金**」に区分されます。これらの科目に合計で計上される上限額が「株主から払い込まれた金銭等」をいうことから，「**資本金等増加限度額**」というのです。

▶ 会社法における資本準備金

　会社の設立や株式の発行のときに払い込まれたか給付を受けた財産の額の，その**2分の1を超えない額**は資本金としないで，**資本準備金**とすることが認められています（会社法445条2，3項）。

資本金等の計数の変動

▶ 資本金等の計数の変動

　会社法では，一定の手続きを経ることにより，**資本金，準備金，剰余金の計数**（金額）を，次のように変動することを認めています（会社法447－451条）。

資本金等の計数の変動
資本金　→　準備金
資本金　→　剰余金
準備金　→　資本金
準備金　→　剰余金
剰余金　→　資本金
剰余金　→　準備金

　以上のように，会社法では，資本金，準備金，剰余金の3者について，相互に計数を振り替える組み合わせをすべて認めています。**振り替えによって資本金の額がゼロになってもかまいません**（マイナスは不可）。表示の規制としての「**最低資本金制度**」はなくなったのです。

▶ 剰余金間の計数の変更

　なお，上の表にはないが，実財産の流出を伴わない限り，剰余金を構成する各科目の間でその計数を変更することができます（会社法452条）。

▶ 配当拘束

　これらの計数のうち，**資本金・準備金と剰余金の違いは，配当拘束がかかっているかどうか**です。配当は剰余金からなされ，資本金や準備金からは配当できないのです。

　資本金と準備金の違いは，その額を減少させる場合の要件（原則として，資本金は株主総会の特別決議，準備金は株主総会の普通決議）だけです。

　会社法では，資本金や準備金を減少しても，もっぱらそれらの計数が変動するだけで，会社の財産は減少しません。会社の財産が減少するような「財産の払い戻し」は，会社法では「剰余金の配当」として整理されています。

▶ 減資と欠損填補

　資本金の減少（減資）には，上で述べたように，原則として株主総会の特別決議が必要です。ただし，**資本金の減少額を全額，欠損填補に充てる場合**には，定時株主総会の普通決議でよいとされています（会社法309条2項9号）。

　欠損填補に充当する場合に，普通決議でよいとする理由としては，全額が欠損填補に充てられるのですから，株主に不利益を与えることもないと考えられるからです。

▶ 剰余金の配当をする場合に計上する準備金

　株式会社が**剰余金を配当する場合**には，剰余金の配当により減少する剰余金の額に**10分の1を乗じた額**（10％）を**資本準備金**または**利益準備金**として計上します（会社法445条4項）。

　資本剰余金から配当した場合は資本準備金として計上し，利益剰余金から配当した場合には利益準備金として計上します。

▶ 基準資本金額

　準備金の合計が資本金の4分の1（これを「**基準資本金額**」という）に達した場合には，それ以上の準備金を計上する必要はありません（会社計算規則22条）。

剰余金の配当

▶ 剰余金の払い戻し

　会社法では，剰余金の分配に関する考え方や方法が変更されています。会社法では，「**株主に対する金銭等の分配**」と「**自己株式の有償による取得**」は，すべて**株主に剰余金を払い戻す**ことで共通しているとみています。

　旧商法のような未処分利益の配当に限らず，その他資本剰余金を財源とするものであっても，株主から有償で自社株式を買い取るものであっても，**株主に対する剰余金の払い戻し**という共通点でくくっているのです。

会社法では、勘定科目に着目して剰余金の額を定めています。すなわち、剰余金の額は、資本剰余金および利益剰余金に分類される科目のうち、資本準備金と利益準備金の科目を除いたものです。会計サイドの表現でいうと、「その他資本剰余金」と、任意積立金等の「その他利益剰余金」の合計額ということになります。

会社法における剰余金の払い戻し

▶旧商法における利益処分

旧商法では、利益（当期に稼いだ利益と、これまでの利益のうち配当などで社外に流出していない部分。**内部留保**または**留保利益**という）を株主に分配する場合には、**各期末における「未処分利益」の額を基準**としてきました。

▶会社法における剰余金の払い戻し

会社法では、剰余金の分配に関する考え方や方法が変更されています。会社法では、**株主に対する金銭等の分配と自己株式の有償による取得**は、すべて**株主に剰余金を払い戻す**ことで共通しているとみているのです。

株主に対する剰余金の払い戻し		
株主に剰余金を払い戻す行為には、次のものがある。		
a 旧商法の、利益配当 b 中間配当 c 資本および準備金の減少に伴う払い戻し	剰余金の配当	剰余金の配当等
d 自己株式の有償による取得		

そこで、会社法では、分配することができる剰余金の額（**剰余金の分配可能額**）を算定し、その範囲内で分配することにしています（会社法461条1，2項）。いわゆる**分配における財源規制**です。

▶ **純資産額が300万円を下回る場合の配当規制**

ただし、会社の純資産が300万円を下回る場合は、株主に対して剰余金の配当を行うことができません（会社法458条）。

株主に対して剰余金を払い戻すという行為としては、自己株式の有償取得も同じですが、自己株式の取得に関しては、純資産額による財源規制は行われません。

利益配当等（上の表の、a, b, c）が会社財産の流出だけで終わるのに対して、自己株式を有償で取得した場合は、後日、その自己株式を処分（売却）することによって一定の財産を取得することができます。そのために、配当規制を行わないようにしたものと考えられます。

CHAPTER 19

損益計算

♣ GUIDANCE

　企業会計の中心課題は，利益の計算です。利益を計算する方法には，損益法と財産法があります。ただし，後述するように，現代の会計は，主に損益法を使いながら，企業活動を期間に区切った損益計算を行うことを中心課題としています。

　こうした会計を期間損益計算といいます。

　本章では，損益計算の対象の違い（企業活動の一生を通じた損益，個々の取引ごとの損益，あるいは特定の期間の損益）による3つの損益計算を紹介し，その上で，今日の企業会計が担っている期間損益計算について述べることにします。

3種類の損益計算

企業活動の成果は、物量的に見ると、生産高であったり販売量であったりしますが、これを会計的に見るとき、売上高（総成果）とか利益（純成果）として測定されます。

企業活動の成果を会計的な側面から見ることを、損益計算といいます。総成果としての売上高を測定し、その成果を得るために費やした犠牲を費用として測定し、両者の差額として、企業活動の純成果たる利益を求めるのです。

ところで、損益計算はその対象の違いによって、次の3つの種類があります。

(1) 全体損益計算
(2) 口別損益計算
(3) 期間損益計算

全体損益計算

企業が設立されてから解散するまでの、いわば「企業の一生」を対象として行う損益計算をいいます。企業存続中には決算を行わず、解散時に一度だけ、決算を行うものです。

▶ 全体利益

そこで計算される利益を,「**全体利益**」または「**全期間利益**」といいます。全体利益は,企業の設立から解散までの間に生じた収入合計から支出合計を差し引いて計算されます(期中における資本の増加や利益の分配はないものとしています)。**全体利益は,企業が解散するときに残される現金の額**に等しくなります。

```
全体利益  =  全期間の収入  −  全期間の支出
```

なぜなら,全期間の期末までに,**収益はすべて収入**となっているし,借入金や株主による拠出資本などの「収益とならない収入」はすべて返済(支出)されているので,損益に影響しないし,また,**費用はすべて期末までに支出**となっており,貸付金のように「**費用とならない支出**」はすべて返済(収入)を受けているので損益に影響しないからです。

結局,収入と支出の差額が収益と費用の差額,つまり**全体利益**となります。**収益が収入,費用が支出**となることから,**利益は収入余剰**(収入が支出を上回る分)として計算することができます。

▶ 全体損益計算は使われていない

しかし実際には,**企業は永続的に活動することを目的**としているので,全期間を通した一度だけの損益計算などは非現実的です。企業を適切に運営するには,**収益力**や**資本の効率**などを定期的にチェックすることが必要であり,また,**課税・納税,配当**などを行うためにも,**定期的な決算**が必要です。そうした意味では,後述するベンチャー・ビジネスのような短期の事業のケースを除くと,現在,**全体損益計算**は使われていないといえます。

全体損益計算による「収入－支出＝全体利益」というシンプルな計算式は，現実には使われてはいないけれど，現在の会計のフレームワークを提供している点で重要です。次にそのことを説明します。

一致の原則

　全期間を通してみますと，**費用とならない支出**（貸付金など）は全期間の期末までに現金で回収してあるし，**収益とならない収入**（借入金，株主の資本拠出）はすべて期末までに現金で支払って（返済）います。これ以外の収入・支出は，結局，収益と費用であり，となれば，**収支差額はこの期間の利益**（企業の一生からすると全体利益）となります。

▶ 各期間の利益の合計は全体利益と一致する

　企業存続中の利益の合計が「**全体利益**」であるのであれば，企業活動を期間に区切って行った損益計算（**期間損益計算**）によって求められた損益（これを**期間利益**という）の合計はこの「**全体利益**」と**一致する**はずです（上記のように，計算を簡略にするために，利益の分配は行われないこととしている）。これを，「**一致の原則**」または「**合致の原則**」といい，

期間利益の合計　＝　全体利益

という算式で示されます。

　後で紹介する**期間損益計算**では，収入と支出の差額ではなく，**収益と費用の差額で損益を計算**します。収入を支出から離れて行う損益計算であっても，ここで紹介した**一致の原則**を満たすような計算であれば，計算された期間利益が適切であることが保証されるのです。

口別損益計算

　口別損益計算とは，個々の取引ごとに損益を計算する方式をいいます。昔，ヨーロッパでは，資本家が金を出しあい，国内の珍しい産物を船に乗せて海外に出向き，高値で売って得たお金で，海外の珍しい産物を購入して，本国に帰って高値で売却するという事業がありました。船が嵐に遭って沈没すれば投資は無駄になるが，無事に帰国すれば巨額の利益を手にすることができたといいます。いわゆる，**冒険事業（ベンチャー）**です。

　わが国でも，昔，紀州のみかんを江戸に運ぶために資本を集め，無事，江戸にたどり着いて高値で売ることができれば高額の配当を手にすることができたといいます。

▶ ベンチャーは全体損益計算

　こうした事業では，上述した**全体損益計算と同じ計算**が成り立ちます。**集めた資本を最後に返還した後に残る現金**が，この**取引の利益**なのです。これは，**全体利益**を計算していることにもなります。見方を変えると，**全体損益計算は１つの事業（プロジェクト）の損益を計算するものでもある**のです。

　ただし，ここでいう「**口別損益計算**」は，期間的にいうと短期で，数ヶ月から数年のものをいいます。多くの場合，**近い将来の解散を予定して**営まれる事業の会計です。

　現在では，例えば，道路の敷設や橋の建設などの大型の公共事業を受注するために，複数の建設会社や土木会社が資本を出し合って，「**ベンチャー・キャピタル**」とか「**共同事業体**」として短期の企業を営む場合や，

経営管理のために取引別・製品別などの損益を計算するために口別損益計算を用いることはありますが，永続事業を前提とした企業会計としては一般的に使われることはありません。

期間損益計算

企業活動の全期間を人為的に区切って（1年とか半年とか）**期間損益計算**を行う場合，**ある期間の収支計算とその損益計算は一致しません**。

▶ 損益に関係しない収支

当期に収入（例えば前受家賃）があっても，それは**次期の収益**であることもあれば，**当期に支出**（例えば償却資産の取得）があっても，**次期以降の費用**となることもあるからです。さらには，**損益に関係しない収支**（借入金，貸付金など）があるからでもあります。

当期の収入・支出と損益が一致しない原因
前期の収益（例：未収利息） 次期の収益（例：前受家賃） ⇒ 当期に収入（当期の収益とならない）
前期の費用（例：未払地代） 次期の費用（例：前払保険料） ⇒ 当期に支出（当期の費用とならない）
借入れによる収入 貸付金の返済による収入 借入金返済のための支出 貸付けによる支出 ⇒ 損益に関係しない

収入・支出と収益・費用が期間的にずれるようになりますと，期間損益計算の適切性を何かで保証しなければ，**期間損益計算で求めた期間利益の合計**と，**全体損益計算で求める全体利益**が一致しなくなる危険性があります。

▶ **損益の額は収支をフレームワークとする**

そこで，会計では，収支（計算）を期間損益計算のフレームワーク（枠組み）として，各期間において計上される収益・費用は収入・支出というフレームワークを使って計算・計上することにしています。

少し具体的にいいますと，**いずれかの期間に計上される費用の額は，いずれかの期間において費用として支払われた支出額と同額**となり，**いずれかの期間に計上される収益は，いずれかの期間において収益として受け取った収入額と同額**となるように金額を決めるのです。

例えば，**固定資産の減価償却費**を考えてみましょう。減価償却の対象となる資産（**償却性資産**という）を取得するに当たって支払いをすることは，**費用のかたまりに対して支出する**ことです。**減価償却**は，この費用のかたまりを，資産を使用する各期間に配分することです。

「収支（計算）」を損益計算のフレームワークにするというのは，各期に計上される**減価償却費の合計額（損益計算）**を，この資産を取得するために支払った**支出額（収支計算）**と同額になるように決めることをいうのです（残存価額をゼロとしています）。

▶ 費用は支出額に，収益は収入額に一致

　計上される**費用の額**は，費用として**支出する額**を超えることも下回ることもなく，**収益として計上される額**は，収益として受け取る**収入額**を超えることも下回ることもありません。こうした計算構造が，「**収支をフレームワークとして損益を計算する**」ことなのです。ここでは，「一致の原則」の考え方（期間利益の合計＝全体利益）と，**全体損益計算の考え方**（収入－支出＝全体利益）が活用されているのです。

　つまり，現在の会計では，**収支計算が損益計算の枠となっている**のです。企業会計原則は，その点を，次のように表現しています。

> 「すべての費用及び収益は，その支出及び収入に基づいて計上し，その発生した期間に正しく割当てられるように処理しなければならない。」（損益計算書原則一A）

CHAPTER 20

収益の発生と実現

♣ GUIDANCE

　会計の仕事は，利益を計算することでした。その利益をどうやって計算するのか，いや，その前に，利益とはどういう状況において発生するか，を考えてみましょう。

　利益が発生するものであることは，会計の知識のない人たちでも知っています。いい物を作れば高く売れるし，人や物を輸送しても利益が出る（運賃収入，運搬収入など）。生産的な活動をすれば利益が生まれることは誰でも理解できます。

　しかし，その利益が「実現」するとか「未実現」だということは，会計専門以外の人たちにはなかなかわかってもらえません。困ったことに，会計の専門家でも，いろいろなニュアンスで「実現」ということばを使っています。定義が1つではないのです。

　なお，以下では，「収益の発生」とか「収益の実現」というとき，「利益を含んだ収益」，すなわち，利益が発生するケースを意味するものだと思っていただきたい。ここでは，収益と利益について，厳密な区別をしないということです。

累積する収益

　会計では，収益も利益も，製造の各段階や販売の段階で徐々に発生すると考えてきました。原材料を仕入れ，これを貯蔵し，製造工程に投入し，何段階もの工程を経て製品となり，さらに梱包され，売買契約が成立してはじめて出荷・引き渡されます。収益や利益は，こうしたいろいろな段階で少しずつ発生し，雪だるまのように累積して，最終的に販売価格に結実する，というのです。

▶発生の意味

　英語で「発生」のことを，「accrue（アクルー）」といいますが，これも，「自然に増える」とか「累積する」という意味です。もともとは，預金の利息のように，時間の経過につれて累積することを指していました。

　例えば，10段階の製造工程を終えると1,000円で売れる製品があったとします。製造に要する原価は各段階で70円かかるとします。各工程が終わるたびに，100円の収益・30円の利益が発生します。第1段階で利益が30円発生し，第2段階で30円，累計で60円の利益になり，第3段階でさらに30円，累計で90円の利益が発生します。第10段階が終わると，利益は300円になるでしょう。

▶発生した利益は測定できない

　ただし，この例のように機械的に利益を計算することは，現実にはほとんど不可能です。最終的に300円の利益が出ることがわかっているとしても，各段階での利益が均等に発生することはないでしょう。観念的には，利益は製造工程の各段階で発生すると理解できても，多くの場合，その利益額を，工程ごとに客観的に測定することができないのです。

▶実現主義による収益の計上

このために，会計では，原則として，製造の各段階で利益を測定することをせず，**製造が完了して，その製品を販売したときに，利益を測定**することにしています。製品を販売すれば，**収益（売価）の額を客観的に測定**することができるから，測定の問題は解決できるのです。

製造業だけではなく，商品販売業やサービス業でも，同じです。商品を仕入れ，これを保管し，必要な装飾を施して店舗に展示し，顧客を勧誘して，販売に結びつけ，梱包し，これを顧客まで配送し，代金を回収するといった，一連の段階を経て商品は販売を終えます。この各段階で利益は発生すると考えられますが，各段階でいくらの利益が発生したかを測定することはほとんど不可能です。そのために，商品販売業でも，実際に商品が販売されるまで，つまり，**各段階で利益は発生していても，商品の販売代金が決まるまで，利益は測定されない**のです。

発生主義会計

理想的には，利益が発生するたびに，発生した額だけ，利益として帳簿に記載したいところです。しかし，その利益を客観的に測定できないために，会計では，やむを得ず，**利益の額を客観的に測定することができる時点まで待って，計上する**ことにしています。こうした処理を，「**実現主義**」といいます。

なかには，銀行預金の利息のように，**利益を，その発生した時点で客観的に測定できる場合**もあります。そうした場合には，発生時に収益を計上することが行われますが，これを「**発生主義**」といいます。

▶ 発生主義を基調とする会計

　今日の会計は，**発生主義**の考え方を基調としています。収益も費用も，その**発生という事実に即して**，すなわち，**収益・費用が発生した期間に，発生した金額だけ計上**しようという考え方を基本としているのです。ですから，収益・費用の発生額を客観的に測定できる場合には，その発生した期間の損益として計上します。こうした考え方をする会計思考を，「**発生主義会計**」と呼んでいます。具体的な例は後で紹介します。

　発生主義を基調とするといいながらも，実は，収益のほとんどは，発生時に客観的な測定ができません。そのため，基調としては「**発生主義会計**」を取りながらも，収益については「**実現主義**」を採用しているのです。多くの場合，収益の発生額を客観的に測定できる時期，つまり，**販売時点**まで待って，収益を測定・計上するのです。

▶ 例外的に発生主義が適用されるケース

　収益の計上に発生主義を適用できないのは，収益が発生した時に，その金額を客観的に測定できないからでした。しかしながら，**発生した収益を客観的に測定できるケース**もあります。そういう場合には，あえて収益が実現するまで待つことはなく，その発生した期間の収益とすることができるのです。

　そうした事例としては，次のようなケースがあります。

- 請負工事の収益に対する工事進行基準の適用
- 売価が安定している産物（例えば「金」）に対する生産基準の適用
- 未収収益の計上（例：未収利息，未収地代）

▶ 実現主義は例外的適用

　収益に関しては実現主義が原則で，費用には発生主義が適用される，といったことを書いてあるテキストも見かけますが，そうではないのです。今日の会計は，全体として「発生主義会計」を基調としており，収益に発生主義を適用することが困難な場合に限り，実現主義を例外的に適用するのです。

　そのことは，次に掲げる企業会計原則（損益計算原則一A）を読めばよくわかります。

> 「すべての費用及び収益は，……その発生した期間に正しく割当てられるように処理しなければならない。ただし，未実現収益は，原則として，当期の損益計算に計上してはならない。」

　ここでは，収益と費用に関して，原則として「発生という事実に即した処理」を求め，収益に関して，発生したと認められてもそれが未だ実現していないときは当期の損益としては計上しない，と規定しています。あくまでも，発生主義の考え方が基本で，例外的に実現主義が採用されるのです。

収益の実現

上で，現在の会計は，**発生主義会計を基調**とするといいました。しかし，実は，収益のほとんどは，発生時に客観的な測定ができないことから，収益については，その発生額を客観的に測定できる時期，つまり，販売時点まで待って，測定・認識するということも書きました。

では，いったい，「収益の実現」とは何を指しているのでしょうか。**収益をいつ測定・認識するかに関しては，最初から原則があったわけではない**のです。

▶収益をいつ計上するか

商品を店頭で販売している（これを対面(たいめん)販売という）企業の場合は，販売と同時に代金を受け取ります。こうした販売形態では，**商品を販売したと同時に収益を計上**することが昔からの慣行です。

信用販売という取引が一般化してくると，販売時点で代金を現金で受け取らなくても（売掛金や受取手形で受け取る），後日，ほぼ確実に代金を支払ってもらえるようになり，こうした信用取引でも，販売時点で収益を計上することが慣行となってきました（現金の受け取りは後日になる）。

買い手が遠隔地にいる場合は，いつ商品が買い手に届くかどうかはわかりません。こうした取引の場合は，**買い手に商品が届いたことが確かめられたときに収益を計上**するということも慣行となってきました。特殊な加工品などの場合は，買い手が商品を確かめてから，つまり，返品がないことがはっきりしてから収益を計上するようになりました。

▶ 収益計上の条件

　会計では，こうした実務界の慣行を集約して，「**収益の実現**」と呼んでいます。収益は，商品が購入者の手に渡り，代金を受け取ることが確実になったときに計上するのです。主要な条件は，

収益計上の条件
(1)　商品・製品・サービスが，購入者に引き渡されること
(2)　代金が支払われたか，支払いが確実になること

の2つです。後で述べるように，この2つの条件を満たす時点というのは，**投下された資金が$G \to W \to G'$の営業循環を終了した時点**です。

▶ 未実現収益の条件

　これが「**実現主義の原則**」，あるいは，単に「**実現主義**」と呼ばれているものです。上の2つの要件のどちらか1つが欠けても，それは「未だ収益として確実になっていないもの」，つまり，「**未実現収益**」とされ，収益は計上されないのです。

　多くの場合，収益は，**商品が販売された時点**で計上されます。そのため，実現主義は，しばしば，「**販売基準**」とも呼ばれています。ただし，「販売」とはいつの時点を指すのかは，商品の販売形態によって異なります。これについては，次のCHAPTERで書くことにします。

　余談ですが，「未実現収益」の「未実現」は，「み・じつげん」ではなく，「みじつげん」と発音するのが一般的です。

収益の対価

▶ 対価は現金同等物

商品・製品の代金（対価）としては，一般に，現金あるいは現金に近い資産を受け取るでしょう。売掛金や受取手形です。現金に近い資産のことを「現金同等物」と呼びます。

▶ 現金同等物の条件

「現金に近い」とか現金同等物というのは，次の３つの条件を備えたものを指しています。

現金同等物の条件

① 特別の努力をしなくても，短期間に現金に換わること
② 販売とか売却のプロセスを経る必要がないこと
③ すでに評価が完了していて，金額が変わらないこと

現金と現金同等物を合わせて，「貨幣性資産」と総称します。

ところが，商品の対価（代金）として，貨幣性資産以外の資産，例えば，取引相手の商品，有価証券，固定資産などを取得することもあります。こうした場合は，どう考えるべきでしょうか。

収益の認識を販売の時点で行うのは，１つには，客観的に測定できる条件が揃うからです。それだけはなく，販売によって，代金として貨幣性資産を取得し，営業循環が完了するからでもあるのです。

営業資金は，貨幣（G）からスタートして，商品・製品（W）に変化し，それが再び貨幣（G'）に戻るという循環をします。収益を販売時点で認識するのは，こうした**営業循環が販売によって完了**するからでもあるのです。

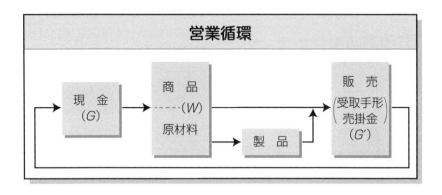

営業循環が完了すると，手元には，貨幣（G）が残り，これを再び商品・製品に投下して，営業循環を繰り返します。

▶ **対価として相手企業の商品を受け取る場合**

商品・製品を販売した対価（代金）として，もし，**相手先の商品**を受け取っても，貨幣（G）の形態ではないから，それを次の営業循環に回すことはできません。受け取った商品は，依然として，Wの段階にあるのです。つまり，G（貨幣）→W（当企業の商品）→W（相手企業の商品）となり，これを売却しない限り，G'になって次の営業循環に投下することはできません。

提供した商品の対価として，相手先の商品，有価証券，固定資産などを受け取るケースでは，当企業の商品・製品を販売するのではなく，**資産と資産を交換**すると考えるのです。ですから，こうした取引からは，「**販売益**」は生まれません。したがって，**売上高に含めるのは適切ではない**でしょう。

▶ 対価として有価証券を受け取る場合

　商品の代金として，有価証券を受け取ることもあります。受け取ったのが上場有価証券などであれば，流動性が高いので，貨幣性資産を受け取ったと考えることもできそうです。しかし，上に述べたように，**有価証券**は，**現金同等物の3つの条件**のうち，②と③の条件を備えていませんから，現金同等物には入らないのです。

　資金の循環という観点から見ても，**有価証券への投資**は，*W*の状態にあります。投下資本はまだ回収されていないのであるから，有価証券を対価として取得しても，営業循環は完了しません。

　したがって，この場合も，他社のもつ有価証券を購入して，その代金として自社の商品を引き渡すと考えるのです。

CHAPTER 21

期間損益計算の原則

♣ GUIDANCE

　全体損益計算なら，全期間の収入から全期間の支出を差し引いた残りを利益とするのですから，会計の知識がなくても理解できますし，納得もするでしょう。

　しかし，ゴーイング・コンサーン（継続企業）の場合には，経営が効率的に営まれているかどうかを調べたり，株主に配当したり，納税したりするために，期間で区切って損益を計算し，各期末における資産・負債の状態を確かめなければなりません。

　期間損益計算には，特有の計算原則が必要になります。全体損益計算でしたら，商品を仕入れても，いずれすべてが販売されると考えて，仕入れの代金を支出項目（費用項目）とすればよかったのです。

　期間損益計算では，仕入れた商品のうち，当期に売れた部分と売れずに次期に持ち越す部分にわけて，前者の原価を売上原価として損益計算書に記載し，後者は，期末に存在する棚卸資産として貸借対照表に記載します。

　さらに，貸借対照表に記載される棚卸資産は，その価値が取得原価を下回っている場合には，評価減（低価評価損，強制評価減，棚卸減耗など）することもあります。期間損益計算は，非常に複雑なのです。

口別損益計算と期間損益計算

会計は，企業活動のどの時点で行うかによって，
(1) 企業活動の継続を前提とした会計（「ゴーイング・コンサーン会計」といいます）
(2) 清算を目的とした会計（「清算会計」といいます）
に分かれます。

ゴーイング・コンサーン会計	企業活動の継続を前提とした会計
清算会計	企業を清算することを前提とした会計

本書もそうですが，会計のほとんどの本は，「ゴーイング・コンサーンを前提とした会計」について書いたものです。**ゴーイング・コンサーン（継続企業）を前提とした会計**では，棚卸資産や固定資産は原価で評価され，資産の原価が各期間に配分されます。原則として，期末に資産を時価で評価することはありません。

他方，**清算会計**は，所有する資産をすべて清算価値（時価）で評価して，債務を弁済し，さらに残りがあればこれを株主に分配するための会計です。前者では，繰延資産やのれんのような換金価値のない資産でも計上されますが，後者では，換金価値のない資産は計上されません。

最近のわが国の状況を考えますと，企業が倒産するケースや廃業するケースが多いので，「**清算会計**」は，今後，ますます重要性を増すように思えます。

損益を計算するには、取引ごとに利益を計算するか、期間に区切って損益を計算するかにより、
(1) 取引ごとに損益を計算する「口別損益計算」
(2) ゴーイング・コンサーンを前提として、期間に区切った損益の計算をする「期間損益計算」

に分かれます。

口別損益計算	取引ごとに損益を計算する。
期間損益会計	ゴーイング・コンサーンを前提として、期間に区切った損益の計算をする。

最近、ベンチャー・ビジネスに人気がありますが、ベンチャー・ビジネスは、多くの場合、一定の目的を果たした後は解散します。例えば、道路を敷設したり橋を建設したりするときに、建設・土木の会社が共同で出資して「ジョイント・ベンチャー（合弁事業）」を作ることがあります。こうした事業体は、道路や橋が完成しますと、その損益を計算し、出資額に応じて配分して、企業を解散します。こうしたベンチャー・ビジネスでは、ここでいう「口別損益計算」が行われているのです。

ここで「口別」というのは、例えば、特殊な工作機械一台の損益計算とか、農業における作物（米、麦、キャベツなど）別の損益計算のように、期間を問題とせずに、商品種類別・商品企画別などで区切った損益計算を指しています。内部会計（管理会計）では、こうした計算が行われますが、財務会計（株主や投資家向けの会計）では、期間に区切った計算が主流になり、現在では、ほとんど行われません。

他方，企業の活動が半永久的なものであると考えますと，会計もそうした永続的な企業活動を前提として行う必要があります。

　もともと，**ゴーイング・コンサーン**の企業活動は，半年とか1年という時間的な区切りで行うものではありません。企業は半永久的に継続するものとして営業が行われるのです。例えば，数十年も使えるような工場・建物を建設したり，10年後に返済する借金をしたり，数十年にわたる役務提供契約を交わしたり，数年分の原材料をまとめて購入したりするのは，ゴーイング・コンサーンを前提としているからです。

　企業活動は半永久的に行われるとしても，企業活動が効率的であるかどうかを判断したり，出資者に定期的に配当したり，所得に対する課税計算などをする必要から，決算は，半年に1回とか1年に1回，定期的に行われます。永続的な企業活動を，半年とか1年という時間で区切って，その期間における損益を計算し，利益が出れば配当や納税に回すのです。こうして行われる会計を，「**期間損益計算**」と呼んでいます。

「認識」と「測定」

　期間損益計算を行う場合には，どの収益・費用をどの期間の収益・費用とするのか（**期間帰属**）と，その収益・費用をいくらにするか（**金額の決定**）が重要な課題になります。前者を「認識」，後者を「測定」といいます。

　この場合，「認識」とは，**財務諸表に記載すること**，収益や費用であれば，**いつの期間の損益計算書に記載するかを決めること**をいいます。収益・費用の「**期間帰属**」を決めるといってもいいでしょう。

「測定」は,財務諸表上の項目に金額を付すことをいいます。収益・費用であれば,当期の収益をいくらとするか,当期の費用をいくらとするか,を決めることです。「計上」という用語は,「認識」と「測定」を合わせた意味で使っています。

期間損益計算では,**認識**(期間帰属の決定)できないものは**測定**(**金額決定**)しても意味がありません。また,測定できないものは,認識もできません。認識と測定は,不可分の関係にあるのです。

認識・測定・計上
認識 ＝ 期間帰属(どの期の財務諸表に記載するか)
測定 ＝ 金額決定(いくらと書くか)
計上 ＝ 認識と測定
※ 収益・費用・利益・損失だけでなく,資産・負債をどの期のB/Sに,いくらで記載するかを決めるときにも使われる。

上で,期間損益計算を行うには,現金収支の時期とは関係なく,その期に属する収益と費用を決める必要がある,と書きました。これは,**収益・費用が帰属する期間**を決めることですから,認識の話です。

「現金収支の時期とは関係なく」というのは,前期の支出が当期の費用となったり(例えば,固定資産の減価償却費),次期の収入が当期の収益になったり(例えば,未収利息)することがあることを意味しています。当期の収入が当期の収益になり,当期の支出が当期の費用になるものは測定(金額決定)の問題は生じませんが,**収支と損益の発生に期間的なずれ**が生じますと,測定が難しくなります。

特に，売上げのように，**収益の発生が先にあって**，**後から現金収入がある場合**や，償却性の固定資産を購入した場合などは，当期に帰属する収益・費用を客観的に測定することは非常に難しくなります。主観的な見積額や予想額を使いますと，会計への信頼が揺らぐことになりかねません。では，どうしたらよいでしょうか。

■ 測定における収支原則

　会計では，**収益と費用**は，上で述べましたように，**「現金収支の時期とは関係なく」期間帰属**を決めます。前期または次期に収支があるものであっても，当期の収益と費用はすべて当期に認識するのです。そのとき，金額をどう決めるかといいますと，**「いずれかの期間の現金収支の額」**を手がかりとするのです。

　例えば，当期に計上する減価償却費は，過年度における固定資産の取得原価（支出額）を耐用年数の期間に配分するものですが，これは，当期の費用を決めるのに，**「過年度における現金支出額」**を手がかりとしているのです。耐用年数が終わりますと，全部の期間に計上された**減価償却費の合計**は，ちょうど，**固定資産の取得原価（支出額）と一致**します。

　当期に収益が発生し，次期にその収益を現金で受け取るケースもあります。例えば，長期の請負工事とか，貸付金の利息収入などです。こうした場合に，当期に収益を計上するとしますと，見積もりを使うしかありませんが，そうした場合にも，**「将来の現金収入額」**を手がかりにして金額を決めるのです。もし，見積もりに誤差があれば，次期における損益計算で，現金収支額と一致するように，金額を修正します。

期間損益計算は，このように，**損益は「現金収支の時期とは関係なく」帰属する期間が決められます**が，その**金額は，「いずれかの期間の現金収支額」に一致するように決められる**のです。

期間損益計算の原則

すでに述べましたように，期間損益計算では，現金収支の時期とは関係なく，**その期間に属する収益と期間に属する費用**を決める必要があります。ここで，「現金収支」といっていますが，売掛金・買掛金などの貨幣性資産・負債は，事実上，現金と同等と考えられますから，「**現金収支**」の意味は，「**貨幣性資産の受け渡し**」と考えてよいと思います。

最初に，**期間損益を計算する基本的な考え方**を話しておきたいと思います。

ある期間の収益と費用は「現金収支の時期とは関係なく」決められるといいましたが，ある期間の現金収入がその期の収益となることもあれば，ある期間の支出がその期の費用となることもあります。むしろ，そういうケースがほとんどだといってもいいのです。ですから，現実の損益計算では，現金収支（貨幣性資産・負債の増減）の内容を分析して，

(1) ある期間の収入のうち，その期の収益にならないもの
(2) ある期間の支出のうち，その期の費用にならないもの

を除外し，除外した収支を，適当な期間に割り振るという作業を行います。ここで「適当な期間」には，次期以降だけではなく，前期以前も含まれます。

例えば，前期に仕入れて販売した商品の代金を，当期になって現金で受け取るとします。**収益**はすでに**前期**において**発生**していますから，この収入は，当期の損益ではなく，前期に帰属させます。

また，当期に機械を現金で購入したとします。機械は，当期以降，何年間かにわたって使用しますから，この支出は，機械を使用する当期以降の各期間に割り当てる必要があります。

このように，過去・現在・将来の現金収支（貨幣性資産・負債の増減）を分析して，収支の行われた期間の損益とならないものを除外し，他の期間の損益となるものについて適当な期間に割り振ることを，「**期間帰属の決定**」というのです。

(1) 収益費用対応の原則

収益と費用の期間帰属を決める場合，収益と費用を別々に扱うのではありません。基本的な考え方としては，$G \rightarrow W \rightarrow G'$ という資金循環に着目します。この循環が終わった段階で，つまり，投下資本（G）が再び貨幣額で回収（G'）された段階で，収益を決定します。

当期中に資金循環が終わったものは，すべて当期の収益として確定します。**費用**は，その収益を獲得するのに貢献したと考えられる部分を集めるのです。

収益の獲得に対して積極的に貢献したと考えられる費用（例えば，販売した商品の仕入原価）もありますが，貢献したことを観念的にしか把握できない費用（例えば，販売費）もあります。また，いずれの収益とも関係づけられないために，やむを得ず，発生した期間の費用とするもの（例えば，金融費用）もあります。

期間損益計算の基本的な考え方は，このように収益と費用を関連づけて，期間収益と期間費用を確定し，その差額として「当期純利益」を計算するというものです。こうした考え方を，「**収益費用の対応**」と呼び，この考え方を基本とすべしとする原則を，「**収益費用対応の原則**」あるいは，単に「**対応原則**」と呼びます。

　ここで，収益と費用を関連づけるといいましたが，この関連は，因果関係ではありません。「費用をかけたから収益が生まれた」ということではないのです。費用の中には，まったく収益の獲得に貢献しないものもあるはずです。例えば，広告宣伝費を使えば使うほど売上げに貢献するかといいますと，広告費を2倍にしても，売上げが2倍に伸びるどころか，まったく変わらないこともあります。しかし，当期の広告費は，当期の収益獲得に貢献したと考えて，当期の費用とするのです。

　ここでいう「収益と費用の関係」は，あくまでも観念的なものにすぎません。「期待」といってもいいでしょう。「**収益を獲得することを期待して使った費用**」という意味です。

(2) 実現主義の原則

　資金循環が終わった G' は，「**実現収益**」と呼ばれます。収益が発生したとみなされても，それがいまだ貨幣性資産（G'）に転換していないものは，「**未実現収益**」と呼ばれます。($G \rightarrow W$) の，W の価値が投資額 G よりも大きくなったと期待されるだけで，現実に（G'）になってみないと，大きさを確認できないことから，「**未実現**」と呼ぶのです。

　期間損益計算では，**当期中に，資金循環が終わったもの**（貨幣性資産で回収された資金）は，**当期において実現した収益**とします。資金循環が終わるということは，W（商品・製品）から G'（貨幣性資産）に転換する

ことですから，CHAPTER 20で紹介した「**実現の要件**」である，

 (1) 商品・製品・サービスが，購入者に引き渡されること
 (2) 代金が支払われたか，支払いが確実になること

を，2つとも満たしていることになります。

 収益は，資金循環が終わった段階で，(1)商品・製品（W）が取引先に引き渡され，(2)対価を貨幣性資産（G'）で受け取ります。**会計では，資金循環が終わる段階をもって，収益が「実現」したと考える**のです。

 こうした考え方を，「**実現主義**」，こうした考え方をすべしとする原則を，「**実現主義の原則**」または「**実現原則**」と呼んでいます。

(3) 発生主義の原則

 収益は，上で述べましたように，「実現」という条件を課して，それを満たしたものだけを期間収益として計上します。

 費用は，基本的には，その収益を獲得するために使ったコストを集めて計上します。売上高と売上原価のように，収益（成果）と費用（犠牲）の関係を数量的にも観念的にも確認できるものもあります。売上高と金融費用のように，単に，期間的にしか対応を考えられないものもあります。

 CHAPTER 20で述べましたように，**発生主義会計の基本的な考え方**は，収益と費用を「**その発生という事実に即して**」，つまり，収益であれば，「**製造工程や仕入れ・販売の進捗に応じて**」，費用であれば，「**財・用役の費消という事実に即して**」認識すべしというものでした。

「財・用役の費消という事実に即して」費用を認識する考え方を「**発生主義**」，こうした考え方によって会計処理すべしという原則を「**発生主義の原則**」または「**発生原則**」と呼んでいます。

ここで「財・用役の費消」とは，製造工程や販売過程で生じる原料，部品，電力，労働力の費消や機械などの減価償却費，営業経費，管理部門の経費などの発生を指しています。

商品を販売した場合は，商品の引き渡しをもって「財・用役を費消した」と考え，当期の費用に計上します。

製造業の場合は，少し複雑です。製造業では，原材料などを費消して製品を作っても，その製品が当期に販売されるとは限らないからです。そこで，製造業では，いったん「財・用役の費消という事実に即して」発生した費用を「**製造原価**」として捕捉しますが，そのうち，当期に販売した製品に割り当てられるべき費用は，「**売上原価**」として損益計算書に載せるのです。残りの製造原価は，貸借対照表に「**製品**」として記載されます。

製造業の場合，こうして，いったん「発生した費用」を製造原価として捕捉しておいて，当期の収益に対応すべき部分と，次期以降の収益に対応させるべき部分とに分けるのです。ここでは，**発生主義の原則**とともに，**収益費用対応の原則**が働いているのです。

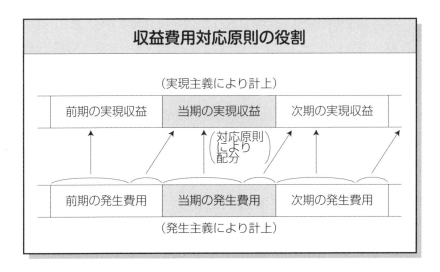

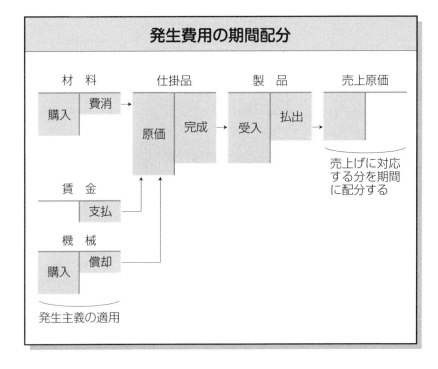

CHAPTER 22

特殊商品売買の会計処理

♣ GUIDANCE

　一般の商品売買では，商品を顧客に販売した時点で，商品を引渡し，代金が支払われるか，支払いの約束をしますから，この時点で資金循環が終了します。そこで，会計では，商品・サービスの「販売」または，「引渡し」という事実をもって，収益が「実現」したものと考えるのです。

　「実現」は，あいまいなところがある概念でしたが，実際には，もっと具体的な「販売」とか「引渡し」という事実をもって収益が「実現」したと考えるのです。これを，「販売基準」または「引渡基準」と呼びます。

　ところが，特殊な販売形態を取る取引の場合は，いつ「販売」とか「引渡し」が行われたのかがわかりにくいものがあります。例えば，他人に頼んで商品を売ってもらったり，商品の引渡しから代金の受取までに長期間を要したり，商品・サービスを引き渡すよりも前に代金を受け取ったり，代金を分割して受け取るようなケースがあります。

　このCHAPTERでは，そうした特殊な販売形態における「収益の計上基準」について述べることにします。

販売基準

たびたび述べますように，営業資金は貨幣（G）からスタートして，商品・製品（W）に変化し，それが再び貨幣（G'）に戻るという循環をします。収益を販売時点で認識するのは，こうした**資金循環が販売によって終了**するからでした。

営業循環（資金循環）が終了しますと，手元には貨幣形態の資産（W）が残り，これを次の商品の仕入れや製品の製造に再投資して次の営業循環が始まるのです。

収益を認識する基準としての「販売」は，(1)**商製品やサービスを提供すること**と，(2)**代金を貨幣性資産で受け取ること**，という2つの条件を満たすことをいいます。

「販売」の条件

(1) 商品・製品・サービスを提供すること
(2) 代金を貨幣性資産（現金，売掛金，受取手形）で受け取ること

上でいう「商製品の提供」は，一般に，「商製品を買い手に引き渡すこと」をいいますから，販売基準のことを「引渡基準」ともいいます。わたし達が店で買い物をするときは，代金と引き替えに商品を受け取ります。こうした対面販売であれば，「引渡し」という事実は単純なのですが，多くの商取引は，売り手が買い手に直接に商品や製品を手渡すような場面はありません。

通常の取引では，顧客から注文を受けて，倉庫から商品を運び出し，梱包し，運送会社に運送を委託し，やがて買い手に届きます。売り手の手を離れてから，買い手の手に渡るまでに，時間がかかるのです。ときには，商品違いとか傷があるなどの理由で，返品されてくることもあります。この場合は，「引渡し」が取り消されます。

そこで，いつの時点をもって「引渡し」と考えるかを決めておく必要があります。

会計では，「引渡し」に関する具体的な基準として，商品や販売形態の特性に応じて，次のようないくつかの基準を用意しています。

(1) 出荷基準（発送基準）

これは，商品や製品を出荷または発送した段階で，引渡しが行われたと考えて収益を計上する基準です。商品・製品を，自社の倉庫から取り出して積み出した（**出荷**）か，運送業者に委託した（**発送**）段階で販売が行われたと考えます。

ほとんどの場合，この段階で収益を計上しても，特別な支障はありません。つまり，商品・製品は確実に買い手に届きますし，ほとんど返品もありません。

(2) 着荷基準

しかし，取引先が離島とか海外にいますと，予定した期日に，確実に届くという保証はありません。輸入国の通関に何か月もかかることもあります。まれには，輸入規制が変わって，荷揚げできないこともあります。

こうした取引の場合には，出荷・発送した時点で引渡しが行われたと考えるのは，現実的ではありません。こうした取引の場合には，取引先に商品・製品が到着した段階まで待って，収益を計上します。これを「**着荷基準**」といいます。

以上の，出荷基準，発送基準，着荷基準を合わせて，「**納品基準**」ということもあります。

(3) 検収基準

特殊な仕様の製品を受注した場合などには，納品しただけでは収益を計上できないことがあります。

例えば，特殊な機能を持った医療器具とか，高額な飛行機とか，特許がからんだ製品とかは，注文主が製品をチェックして，注文どおりに仕上がっていることを確認するまでは，収益を計上することはできません。

こうした場合には，取引先の検品が終わって，買い取ることを確認してから収益を計上します。こうした基準を，「**検収基準**」といいます。

以上は，通常の商品・製品販売業における収益の計上基準でした。

これらの基準を，営業活動のプロセスと関係させて図解したものが，次頁の図表です。

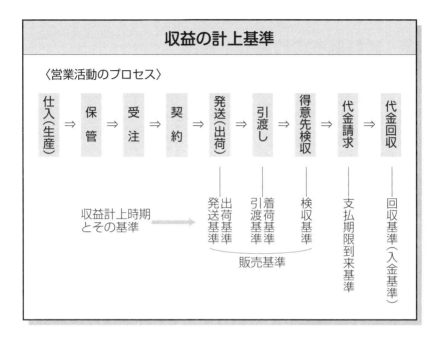

　以下では,**特殊な販売形態を取るときの収益計上基準**について述べることにします。何が特殊なのかについては,個別に説明します。

　なお,特殊な販売形態の収益計上については,企業会計原則・注解に具体的な基準が示されています。以下,これを紹介するときは,注解と書きます。

委託販売の収益計上基準

委託販売は，誰かに頼んで（委託），自己の商品を販売してもらう販売形態をいいます。販売を委託する者を「**委託者**」，これを引き受ける者を「**受託者**」，委託した商品を「**委託品**」とか「**積送品**」といいます。受託者からみますと，「**受託品**」です。

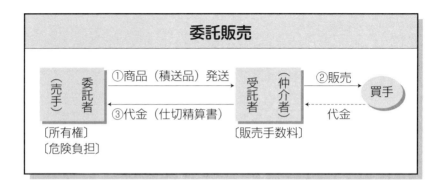

販売を委託するために商品を受託者に引き渡しても，この段階では販売されたわけではありません。商品の所有権は販売が行われるまでは委託者にあります。

販売を受託した者が第三者に販売した段階で，委託者にとって収益が実現し，所有権は買い手に移ります。実際に，商品の代金を受け取るのは，売り手（委託者）ではなく受託者ですが，売り手は，この段階で自己の商品が販売されたと考えるのです。

商品の代金は，いずれ，販売手数料を差し引かれて，委託者に支払われます。

委託販売では、委託者（売り手）は、自己の商品が実際に販売される場面をみていません。そのために、自己の商品がいつ販売されたのかを確認する必要があります。

　それを確認できるのが、受託者が作成する「**売上計算書（仕切_{しきり}精算書ともいう）**」です。仕切精算書には、委託品の売上高、受託者の費用立替_{たてかえ}額（例えば、保管料、引取費など）、販売手数料などが記載されています。仕切精算書を受け取ることによって、委託品のうち、どれだけが売れたかを知ることができます。

　委託販売の売上高は、原則として、**受託者が委託品を販売した日**をもって計上することになっています。委託販売でも、**販売基準**が採用されているのです。

　ところで、仕切精算書に、販売日ごとの売上げが記載されていれば、いつ販売が行われたかを知ることができます。しかし、多くの場合、仕切精算書は、ある程度の数量が売れるか、委託した商品を完売してから、売上げをまとめて計算して送られてきます。そうした場合には、いつの日に売上げがあったかを知ることはできません。

　仕切精算書が委託品の販売が行われるつど送付される場合には、実際に商品が販売された日ではなく、その**仕切精算書が委託者に到着した日**をもって委託した商品が販売された日とみなすことが認められています（注解・注6(1)）。これを、**仕切精算書到達日基準**といいます。

　実際に、こうした基準が意味をもってくるのは、期末近くに委託販売が行われる場合だけです。**期中に商品の販売を委託して、期末までに販売が終了**するのであれば、販売基準を取ろうが、仕切精算書到達日基準を取ろ

うが,結果は同じです。

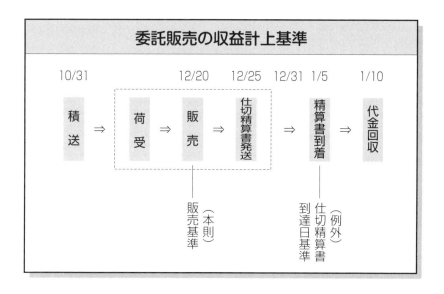

　委託品の販売が期末近くに行われる場合は,当期中の販売なのか,次期の販売なのかが重要になってきます。そこで,原則としては,仕切精算書などで実際の販売日を確かめて,当期中における売上げを計上するのです。

　しかし,委託品の売上高を当期分と次期分に区別するには,引取費とか販売手数料なども期間配分しなければならず,計算が煩雑なこともありますから,例外処理（簡便法）として,精算書が販売のつど送付される場合は,期中に到達した精算書に係る売上高は当期に,次期になって到達した分は,次期の売上げとすることを認めるのです。

　受託者が,どの程度の頻度で仕切精算書を送付してくるかは,取り扱い商品によります。実務上,売上げが行われるごとに精算書を送付するというのは極めてまれで,よほど高額の商品（宝石とか美術品など）に限られ

ます。

　単価の小さい商品（書籍，化粧品など）は，月単位などで，まとめて送付してきます。販売日もわかりませんし，販売のつど送付されるものでもありませんから，販売基準も到達日基準も適用条件に合いません。こうした場合には，条件に合わなくても，到達日基準を適用するしかありません。

予約販売の収益計上基準

　予約販売は，コンサートやミュージカルのチケットを前売りしたり，季節商品や希少特産品を販売する前に予約を取ったり，月刊誌などの年間購読を契約するなど，**商品やサービスの提供前に，予約金を受け取る**ものをいいます。

　こうした予約販売では，通常の販売と違って，**代金を先に受け取り**ます。しかし，「販売」の条件である「商品・役務の提供」は，代金を受け取った段階ではまだ行われていません。代金を受け取った段階では，いまだ「販売」が行われたとは認められないのです。

　注解・注6(3)は，予約販売の収益計上について，次のように定めています。

> 「予約販売については，予約金受取額のうち，決算日までに商品の引渡し又は役務の給付が完了した分だけを当期の売上高に計上し，残額は貸借対照表の負債の部に記載して次期以後に繰延べなければならない。」

期末までに，コンサートなどが終了していれば，その予約金はすべて当期の収益として計上されます。しかし，特産品が**期末までに引き渡されていないような場合**には，予約金は「**予約販売前受金**」として負債の部に計上されます。定期購読の雑誌などは，期末までに読者に送付した分については売上げを計上し，残りは負債の部に計上します。

　予約販売も，**販売基準（引渡基準）**が採用されているのです。

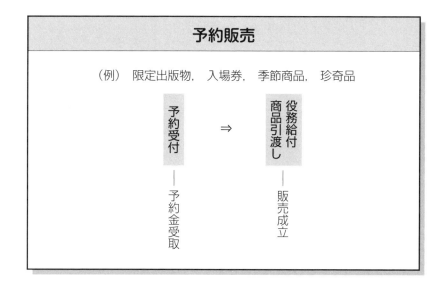

試用販売の収益計上基準

　試用してから商品を購入するのは，対面販売でも同じです。コートやドレスは，試着してから買うのが普通です。会計でいう試用販売は，こうした対面販売ではありません。

　会計でいう「**試用販売**」は，(1)販売者が遠隔地にいる購入希望者に試用を申し込ませ，(2)試用を希望した者に販売者が商品を送付して試用させ，(3)試用者に購入するかどうかを決めさせるというものです。

　この販売方式が，会計上，特殊と見られるのは，**商品を顧客に引き渡した段階では，購入するかどうかがわかっていない**，つまり，商品を引き渡しても，販売が成立していないことにあります。通常の販売基準である「引渡基準」が使えないのです。

　試用販売については，注解・注6(2)に，次のような規定があります。

> 「試用販売については，得意先が買取りの意思を表示することによって売上が実現するのであるから，それまでは，当期の売上高に計上してはならない。」

　これを「**買取意思表示基準**」といいます。この「買取意思」は，一般に，買うということを書面や電話で連絡してくるとか，代金を振り込むという形で表明されます。試用期間が経過してもキャンセルの意思表示がなされないという場合にも，消極的ながら買い取るという意思が表示されたものとして，売上げを計上します。

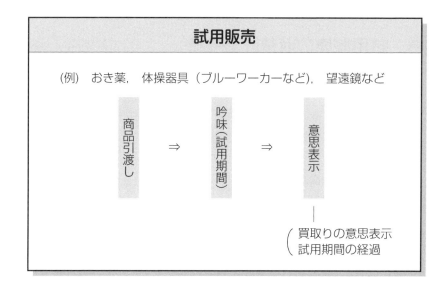

なお,試用する意思のない者に商品を送りつける悪徳商法が流行っていますが,これは試用販売に該当しません。試用販売は,**試用の申し込みをした者**に商品を試用してもらって,買うかどうかを決めてもらう商法をいうのです。

割賦販売の収益計上基準

　割賦販売は,商品の引渡しが先に行われ,後から,その代金が分割して支払われる販売形態です。月賦,半年賦,年賦などがあり,短い場合は数か月,長ければ数年にわたって分割して支払われます。

　売り手は,商品を引き渡した段階で,買い手に対する請求権(売掛金)を手に入れますから,原則として,「**引渡基準**」つまり,**販売基準**が適用されます。

企業会計原則では，こうしたことから「**割賦販売については，商品等を引渡した日をもつて売上収益の実現の日とする**」のを原則的な方法として規定しています。

　割賦販売の売上げを販売基準で計上しますと，分割払いの売掛金に対して貸倒引当金を設定したり，将来発生する代金回収費・アフター・サービス費などを見積もって引当金を設定する必要があります。ところが，この売掛金が長期の分割払いであることから，貸倒れの危険も高く，その計算は，煩雑な上に，かなり主観的にならざるをえません。

　そこで，そうした主観的かつ煩雑な計算を会計に持ち込まないようにするため，また，収益の計上を慎重に行うという必要から，**代金を回収（入金）した分だけ収益を計上する**か，**割賦金の支払いを約束してある日が到来した分だけ収益を計上する**ことも認められています。

　割賦金の回収期限が到来した日に収益を計上するのを「**回収期限到来基準**」，入金の日をもって収益を計上するのを「**回収基準**」といい，両者をあわせて「**割賦基準**」ともいいます。

　回収基準を取る場合は，支払日が来る前に支払われた分も，その日に収益を計上します。翌年度の賦払金を当期に受け取っても当期の収益とするのです。

　他方，**回収期限到来基準**を取る場合は，支払日までに入金があってもなくても収益を計上します。この場合も，翌年度の賦払金を当期に受け取れば，当期に売上げを計上します。入金があったにもかかわらず収益の計上を翌年度まで繰り越すのは，過度に保守的な処理となるからです。

割賦販売

(本　則)　販売基準
　　　　＜割賦販売の特殊性＞
　　　　　① 代金回収期間が長期にわたる
　　　　　② 支払形態が分割払であること
　　　　　③ 代金回収上の危険率が高い
　　　　　④ 貸倒引当金，代金回収費，アフターサービス費等の引当金計上に不確実性と煩雑性を伴う

(例外基準)
　　1　回収基準（入金基準）
　　2　支払期限到来（日）基準（履行日基準）
　　　　　　└── 回収日と支払期限日のいずれか早い日とする

CHAPTER 23

工事契約の収益計上

♣ GUIDANCE

　前のCHAPTERで紹介しましたように，商品や製品を販売したときの収益（売上高）の計算は，比較的簡単です。販売した商品・製品を買い手に引き渡して，その代金（対価という）を受け取ったときに，その受け取った代金（現金の場合もあれば売掛金・受取手形の場合もある）の金額が収益の額になるのです。この場合には，販売が行われるまでは収益の額は確定しません。

　ところが，ビルや橋の建築や道路の敷設のように，請負の工事の場合には，一般に，最初に収益の額（請負額）が決まっているのですが，その収益額をいつの期間の収益とするかを簡単に決めることができないのです。

　このCHAPTERでは，そうした「工事契約の収益」をどのように処理するのかを取り上げます。

受注生産（工事契約）と見込み生産

　ある種の仕事を請け負ったとき，その仕事が完成した時に対価（代金）が支払われる契約があります。例えば，土木工事，建築，造船，特殊な機械装置の製造などにおいて，顧客（注文主）の指図に基づいて工事や製造が行われるものを指します。ソフトウェアを受注制作する場合もこれに該当します。

　商品や製品を製造するとき，一般的には「見込み生産」といって，市場の動向を見ながら生産数量を決めます。売れそうであれば生産量を増やしますし，売れゆきが怪しくなれば生産を抑えます。

　こうした生産に対して，注文を受けてから，注文主のリクエストに応じて生産する「受注生産」という生産形態があります。その中でも，標準的な商品・製品の注文ではなく，1個だけの，注文者が指定する性能・形式等の製品を受注するようなケースでは，多くの場合，その契約に当たって，工事（作業）の進捗・完了の段階で支払う対価（代金）が事前に契約で決められています。

　契約によって代金（売上高）が事前に決まっているのですから，収益の計上額ではなく，計上する時期をいつにするかが問題になります。工事が終わってから収益を計上するのか，それとも，工事の進行度合いに応じて収益を期間配分するのがいいのか，という問題です。

▶新しい会計基準の公表

こうした**工事収益の計上**について，平成19年12月に，**企業会計基準第15号「工事契約に関する会計基準」**（以下，新基準といいます）と企業会計基準適用指針第18号「工事契約に関する会計基準の適用指針」（以下，適用指針といいます）が公表されました。

この新しい会計基準を紹介する前に，従来の**企業会計原則における考え方**を紹介したいと思います。従来の考え方を理解したうえで，新しい会計基準の考え方を学んだほうが，これまでの基準の問題点も新しい基準が目指しているところも，よくわかると思えるからです。

企業会計原則における「長期請負工事」の会計処理

▶請負工事の場合の「長期」の意味

会計の世界で「**長期**」というときは，ほぼ間違いなく，期末現在からみて「**1年を超える**」という意味で使われます。短期借入金と長期借入金の違いも，資産・負債を短期（流動資産・負債）と長期（固定資産・負債）に分ける「**1年基準**」も，「1年を超える」かどうかで区分しています。

しかし，「**長期請負工事**」という場合の「**長期**」というのは，「1年を超える」ということではなく，「**次期にまたがる**」という意味です。

例えば，3月末に決算日を迎える土木会社が，工事が10か月かかる契約を，9月の初めに受注したとしましょう。工事が完了して受注者に引き渡すことができるのが6月末としますと，決算日（3月末）現在は，工事は進行中です。この工事契約は「**1年基準**」で考えますと，期末から計算して工事の完成・引渡し（販売）までに「1年を超える」ことはありません。

この例では10か月の工事のうち、当期に行われる工事が4か月分で、残りの工事は次期に行われます。この工事に販売基準（引渡基準）を適用しますと、当期の工事に係る収益はなく、全額が次期に計上されることになります。以下、こうした会計処理が適切かどうかを検討しましょう。

▶ 「請負工事」の意味

「請負」とは、「見込み生産」ではなく、他の者からの求めに応じて行う製造・生産、つまり、**「受注生産」**だということです。注文を受けた段階で請負価額（収益の額）が決まっています。

「工事」といっていますが、**製造**を含んだ意味で使っています。**ソフトウェアの制作**を受注した場合でも、その請負価額が決まっていれば請負工事に含まれます。

ただし、長期にわたって大量の部品などを製造・供給する契約を受注しても、ここでいう長期請負工事には入りません。ここでは、船舶とかビルのような、1個の製造物、建築物を生産・製造する場合で、工事の完成が次期以降になる場合に限られます。

前のCHAPTERで紹介しましたように、収益（利益）の計上（その期の損益とすること）は、一般の商品売買業では**「販売基準」**が採用されます。そこでは、

(1) 販売する商品が買い手に送られるか、届くこと（発送基準、着荷基準、検収基準など）
(2) 代金（対価）を受け取るか、受け取ることが確実になること（現金、売掛金、受取手形などを入手すること）

といった条件がそろったときに,「**販売**」が成立したと考えます。

では,上のケースはどうでしょうか。**工事は期末現在,まだ終了していません**。しかし,工事が終了したときに支払われる**収益の額(工事収益)は契約により決まっています**。つまり,(1)の条件は満たしていないが,(2)については,「受け取ることが確実」という意味で条件を満たしているといえます。

こうしたときに,企業会計原則では,(1)を重視する会計処理と,(2)を重視する会計処理を,ともに認めています。(1)を重視する会計処理を,「**工事完成基準**」といい,(2)を重視する会計処理を,「**工事進行基準**」といいます。

(1)の条件を満たしていない(販売基準の条件の1つを満たしていない)にもかかわらず「工事進行基準」が工事収益計上基準として認められるのは,こうした取引が「**一定の条件が整えば当該工事の進捗に応じて対応する部分の成果の確実性が認められる**場合があるため」(新基準39)と考えられるからです。

つまり,工事の当事者(工事の発注者と受注者)間で基本的な仕様や作業内容が合意された工事契約について,施工者(受注者)がその契約上の義務をすべて果たし終えておらず,法的には対価に対する請求権を未だ獲得していない状態であっても,会計上はこれと同視しうる程度に成果の確実性が高まり,**収益として認識することが適切な場合**があると考えるのです。

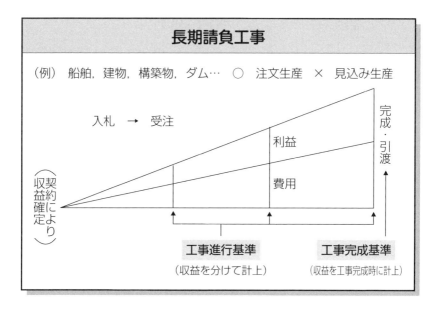

　企業会計原則では，このように，工事進行基準と工事完成基準の選択適用を認め，工事進行基準を適用する場合には「決算期末に工事進行程度を見積り，適正な工事収益率によって」当期の工事収益を計上するとしています。企業会計原則にはこれ以上の適用指針（どういう工事のときには工事完成基準が適切で，どういうときには工事進行基準が適切かといった判断の指針など）は書いてありません。

新しい基準の公表

　2007（平成19）年12月に，企業会計基準第15号「工事契約に関する会計基準」と企業会計基準適用指針第18号「工事契約に関する会計基準の適用指針」が公表されました。

　以下，この基準と適用指針に即して，工事収益の計上について説明することにします。

　新基準が設定されたのは，企業会計原則が「長期請負工事」の会計処理として，無条件に，工事完成基準と工事進行基準の選択適用を認めていましたが，「同じような請負工事契約であっても，企業の選択により異なる収益等の認識基準が適用される結果，財務諸表間の比較可能性が損なわれる場合がある」（新基準29）ことから，「工事契約ごとに会社が適用すべき収益認識基準」を明らかにするためでした。**国際的な会計基準との整合性**を図るということも意図されていました。

　なお今後は，企業会計原則に優先して新基準が適用されますが，新基準が**工事進行基準を原則**とする点を除けば，**請負工事の基本的な収益計上の会計処理は変わりません。**

　新基準の「適用範囲」は，「仕事の完成に対して対価が支払われる請負契約のうち，基本的な仕様や作業内容を顧客の指図に基づいて行う」**工事契約とソフトウェアの受注制作**（ソフトウェアの場合，「製作」とはいわず「制作」といいます）です。次のような取引は，この基準でいう「工事契約」には入りません。

① 請負契約であっても，単に工事にかかる労働（サービス）を提供するだけを目的とする契約
② 注文主（顧客）の指図に基づいて行う工事に該当しない場合（例えば，標準品を製造するような場合）

一般に「工事」と言いますと**土木・建築工事**のような建設業において行う取引を指していますが，新基準ではこれよりも広く，**造船**や，基本的な仕様や作業内容について顧客の指図に基づいて行う**機械装置の製造**に係る契約も対象としています。

▶ 工事契約に係る「認識基準」──工事進行基準が原則
　工事契約に基づく工事の進捗度に応じて，それに対応する部分について「**成果の確実性**」が認められる場合には，**工事進行基準を適用**し，**この要件に当てはまらない工事には工事完成基準を適用**します。

　つまり，工事の進行途上においても，その工事の進捗部分について成果の確実性が認められる場合には，あえて工事の完成を待つ必要はなく，工事進行基準を適用して**進捗部分に対応した工事収益と工事費用を計上**するのです。これが新基準における**工事契約の原則的な処理**です。

　このように新基準では，最初に，工事進行基準を適用する条件が満たされた工事であるかどうかを判定します。**進行基準の適用要件を満たす工事には工事進行基準を**，この要件を満たさない工事には，**工事完成基準を適**用するのです。これまでのような選択適用ではなく，一定の条件を満たすかどうかで，進行基準を適用するか完成基準を適用するかが決まるのです。

工事進行基準の会計処理

　工事進行基準が適用されるのは,工事の進捗(進み具合)部分について「**成果の確実性が認められる場合**」であり,次の各要素について信頼性をもって見積もることができる場合です(新基準第9項)。

(1)　工事収益総額
(2)　工事原価総額
(3)　決算日における工事進捗度

▶工事進捗度と原価比例法
　上の(3)でいう「工事進捗度」は,**総工事に占める決算日までに遂行した工事部分の割合**をいいます。この割合は,**総工事に必要な時間数**からでも,**作業に従事する人数**からでも,**工事に必要な原材料の費消割合**からでも,計算できます。

　しかし,会計では,これまで,工事に要すると考えられる費用(多くの場合は,工事の入札時に予定されていた金額)の費消割合によって進捗度を計ってきました。これを**原価比例法**といい,各期の収益と利益は次のように計算されます。

$$当期の計上収益 = 請負金額 \times \frac{当期の発生原価}{予想総工事原価}$$

当期に計上すべき利益の計算

$$請負金額 - 予想工事原価 = 予想工事利益$$

$$予想工事利益 \times \frac{当期の発生原価}{予想総工事原価} - 前期までの計上利益$$

$$= 当期に計上すべき利益額$$

なお,原価比例法以外にも工事の進捗度を**より合理的に把握する方法**があれば,その方法を採用します。

▶ 直接作業時間比例法と施工面積比例法

新基準では,そうした原価比例法以外の方法として「**直接作業時間比率**」を使う方法(**直接作業時間比例法**)と「施工面積比率」を使う方法(**施工面積比例法**)を紹介しています。

例えば,工事の進捗が工事原価総額よりも直接作業時間とより関係が深いと考えられるような状況においては,決算日における工事進捗度の見積方法として「**直接作業時間比例法**」を使い,また,工事原価の発生よりも施工面積のほうがより適切に工事進捗度を反映していると考えられる場合には「**施工面積比例法**」を適用するのです。

> **直接作業時間比例法**
>
> 当期の計上収益＝請負金額×$\dfrac{\text{当期の直接作業時間}}{\text{予想直接作業時間}}$

> **施工面積比例法**
>
> 当期の計上収益＝請負金額×$\dfrac{\text{当期の施行面積}}{\text{総工事面積}}$

　要するに，決算日における工事進捗度は，「**工事契約における施工者の履行義務全体との対比において，決算日における当該義務の遂行の割合を合理的に反映する方法**」（基準15項）を用いるのです。必ずしも「原価比例法」を採用する必要はありません。

　例えば，新規にニュータウン（宅地群）のための土地造成という工事を受注したとします。工事はいくつもの区画に分けて行われるとしますと，上で紹介した「**施工面積比例法**」を適用することが考えられます。

　ソフトウェアの制作を受注したような場合は，予想総原価の見積りを（プログラマーの総作業時価×単位価格）で行うことが多いと思われますので，そうした場合には「**直接作業時間比例法**」が適していると思われます。

▶ 工事の進捗に応じて計上される未収入額

　工事進行基準を適用しますと，この基準に従って計上した収益の一部が未収（顧客からの支払いは後の時期になる）となることがあります。この未収入金を顧客に請求することができるのは工事が完成したときですから，期末現在では法的な債権として確立していません。

ただし，工事進行基準では，法的には対価に対する請求権が確立していない状態であっても，会計上，法的な請求権と同視しうる程度に将来収入の確実性があると見込まれる場合にはこれを「**金銭債権**」として取り扱うことにしています。

工事完成基準の会計処理

工事完成基準を適用する場合は，工事が完成するまでの各期に発生した「工事原価」を「**未成工事支出金**」等の勘定科目で貸借対照表資産の部（流動資産）に計上しておきます。工事が完成し，工事の目的物を引き渡した時点で，工事原価（未成工事支出金と当期の工事原価）と工事収益を損益計算書に計上します。この「未成工事支出金」は，製造業における「**仕掛品**」と同じです。

CHAPTER 24

特別損益

♣ GUIDANCE

　損益計算書の作り方に，当期業績主義と包括主義という2つの考え方があります。詳しいことは，CHAPTER 26で述べています。わが国が，現在採用しているのは，当期業績主義の考え方を取り込みながら，全体として包括主義です。両者の折衷法といってもいいでしょう。

　包括主義の損益計算書では，当期に発生した損益は，原因が何であれ，すべて，当期の損益計算書に記載します。しかし，そうした損益計算書では，その企業が，平均的にどれくらいの収益力を持っているかを読み取ることはできません。「普段の実力」が読めないのです。

　そこで，わが国では，損益計算書の構造を少し工夫して，まず，当期業績主義に基づく損益計算の区分を設け，それに続けて，当期の業績とはいえないが，当期の包括損益に含まれる損益（特別損益）を記載して，最終的に「包括主義による損益」を表示しています。

　包括主義では，「経常損益」と「特別損益」の区分は必須のものではありませんが，当期業績主義の考え方によれば，「経常損益」と「特別損益」の区分表示は，極めて重要です。

特別損益の性格と種類

「**特別損益**」というのは,「**経常損益**」に対する表現です。「経常性を持たない」「臨時異常の」「特別な」項目という意味合いがあります。毎期,反復して発生する項目ではなく,偶発的・突発的に発生する損益または過年度損益の修正です。

損益を,「経常損益」と「特別損益」にわけるのは,**当期業績主義**の考え方によるものです。当期業績主義については,CHAPTER 26で詳しく述べますので,ここでは簡単に触れるだけにします。

当期業績主義の考え方は,損益計算書によって**企業の経常的・平均的な収益力**を表示しようとするものです。損益計算書は複雑ですが,最後の一行(ボトムライン)を見れば,その企業の「普段の実力」がわかるように工夫するのです。

そのために,以前は,経常性を持たない,つまり,「普段の実力」と関係のない損益項目(臨時項目や異常な項目)は損益計算書から除外して,別の計算書(**利益剰余金計算書**)に記載していました。現在では損益計算書を2分して,最初に当期業績主義による損益を記載し,それに続けて特別損益(当期の経常的な営業活動と結びつきのない損益)を記載します。上の部分が当期業績主義損益計算書で,さらに全体として包括主義損益計算書となっています。

当期業績主義による損益計算書が,そのねらいのとおり,「普段の実力」を示すことになるかどうかは,収益・費用項目を経常性のあるものと,臨時・異常なもの(特別損益)に分ける作業にかかっているのです。

企業会計原則では、損益計算書原則（第二、六）において、特別損益の表示方法を次のように定めています。

> 「特別損益は、前期損益修正益、固定資産売却益等の特別利益と前期損益修正損、固定資産売却損、災害による損失等の特別損失とに区分して表示する。」

さらに、注解・注12では、**特別損益**を「**臨時損益**」と「**前期損益修正**」に分けた上で、次の項目を例示しています。

---
(1) 臨時損益
　　イ　固定資産売却損益
　　ロ　転売以外の目的で取得した有価証券の売却損益
　　ハ　災害による損失
(2) 前期損益修正
　　イ　過年度における引当金の過不足修正額
　　ロ　過年度における減価償却の過不足修正額
　　ハ　過年度におけるたな卸資産評価の訂正額
　　ニ　過年度償却済債権の取立額

「固定資産売却損益」や「転売以外の目的で取得した有価証券の売却損益」が、なぜ、**臨時損益**になるのでしょうか。

一般の事業会社や金融業を営む企業の場合には、固定資産の売買は、主たる営業活動でもなく、経常性もないのが普通です。固定資産（例えば、土地や建物）は、購入後、本社とか工場として何年も何十年も使用するの

が普通で、めったなことでは売却することはありません。

そうしますと、もしも、固定資産の保有期間中に、資産価格が上昇したり下落したりした場合、この固定資産を売却しますと、売却損益が出ます。しかし、この損益は、必ずしも、売却した期間に属する損益ではありません。保有した数年間、数十年間にわたって発生した損益です。これを、当期の損益として損益計算書に計上することは、期間損益計算を歪めることになるでしょう。そこで、こうした、**「超期間的損益」**「**期間外の損益**」は、経常損益計算から除外して、**「特別損益」**として扱うのです。

「転売以外の目的で取得した有価証券の売却損益」を特別損益とするのも、同じ理由です。「転売以外の目的」というのは、例えば、「持ち合い」を目的としたり、将来の「買収」を目的としたり、あるいは、取引関係を維持するなどの営業上の理由から保有することを指しています。

こうした目的で保有する有価証券は、一般に、長期的に保有されます。したがって、固定資産と同じ理由から、その**売却損益**は、**超期間的**、あるいは、**期間外の損益**とみなされるのです。

同じ固定資産でも、機械や運搬具のような**償却資産**の場合は、少し事情が違います。償却資産の場合、帳簿価額と売却額との差額は、ほとんどが、**減価償却の過不足**です。減価償却が過大であれば、固定資産売却益が出ますし、過小であれば、売却損が出ます。

こうした固定資産売却損益は、実質的には、**「前期損益修正」**に例示されている**「過年度における減価償却過不足修正額」**ですが、売却時に計上されるところから**「臨時損益」**とされます。

なお，不動産の売買を業務としている企業（不動産会社）の場合は，固定資産の売買による損益は「**営業損益**」になります。

例外的な取扱い

　注解・注12では，「特別損益に属する項目であつても，金額の僅少なもの又は毎期経常的に発生するものは，経常損益計算に含めることができる。」としています。

　「**金額が僅少なもの**」は，重要性が乏しいことから，正規の計上箇所（特別損益の区分）に記載するまでもないということです。また，「**毎期経常的に発生するもの**」は，項目としては臨時・異常なものであっても，金額からみれば経常性を持つ項目ですから，本来は「経常損益計算」の区分に記載されるべきものであるともいえます。

　企業会計原則では，「金額が僅少」または「経常的に発生」する特別損益項目を，経常損益計算区分のどこに，どういう科目で記載するかまでは指示しておりません。前期損益修正の項目であれば，それぞれ，当年度の該当項目に加減すればいいでしょう。例えば，過年度における引当金の計上不足額であれば，当年度の引当金繰入額を増額するとか，減価償却費の計上が過大であった場合の修正額であれば，当年度の減価償却費を減額すればよいでしょう。

　臨時損益の場合は，当年度に，同じ収益項目・費用項目があるとは限りません。そうした場合には，営業外損益の区分に，「**雑収益**」または「**雑損失**」という科目で記載することになります。

災害損失

　臨時損益の1つとして「**災害損失**」が例示されています。「災害」には，震災，風水雪害，噴火（ふんか），津波など，自然界の変化によって起こる災害と，火薬類の爆発，火災などの人為（じんい）による災害があります。

　災害損失が，「臨時」「巨額」に上り，かつ，法令によって認められる場合は，これを「**臨時巨額の損失**」として繰延経理することが認められています。ただし，「巨額」といえないか，その企業の内部留保が充実していて繰延経理するまでもないという場合は，災害損失が発生した期の「特別損失」とします。

　企業会計原則注解・注12の例示（上掲）には書かれていませんが，最近になって，固定資産に生じた「**減損損失**」を特別損失として計上するようになりました。次のCHAPTERで紹介します。

CHAPTER 25

減損損失の測定

♣ GUIDANCE

　わが国においては，従来，経済が右肩上がり（成長を図表化すると，過去の左から現在の右に上向きに伸びてきたこと）に成長してきたこともあって，土地や建物などの固定資産の価格が取得原価よりも大きく下落するという状況を招いたことはありませんでした。

　しかしながら，バブル崩壊後，とりわけバブルの絶頂期に企業が高い価格で取得した不動産（土地と建物）の価格やその収益性（所有する土地等を利用して得られる将来収入の額）が著しく下落したことから，そうした不動産の価値下落を損失（特別損失）として認識するとともに，貸借対照表の資産価額に反映することが必要になってきました。

　こうした背景から設定されたのが，「固定資産の減損に係る会計基準（以下，減損会計基準という）」です。この CHAPTER では，この基準の内容と問題点を紹介します。

減損処理の基本的な考え方

▶ 適用対象

　減損会計基準は，固定資産として分類される**有形固定資産，無形固定資産，投資その他の資産に適用**されます。

　従来，固定資産（土地を除く）は，使用や時の経過による減価を，減価償却費として計上し，その累計額（取得してから当期までに計上した償却費の合計額）を，固定資産の取得原価から控除して貸借対照表価額としてきました。

　ところが，バブル崩壊後，土地や建物などの不動産価格が大幅に下落し，企業が保有する固定資産に**含み損**が発生してきたのです。ここで含み損とは，土地や建物の取得原価と現在の時価を比べたときに，時価が取得原価を下回る額をいい，**売却すると「固定資産売却損」が発生**します。

　わが国では，第2次世界大戦後ほぼ60年間にわたり，土地の価格は上昇を続け，下落することはありませんでした。そうしたことから，経済界や投資家の間では土地価格は下落しないという神話が生まれ，会計界も，資産価格が上昇を続けることを前提とした考え方が支配してきました。

　具体的には，土地価格は下落しないという前提から，評価損を計上するような事態を想定することはなく，土地を担保として資金調達をする場合のリスクを会計上で認識せず，流動比率や当座比率が低くても，**土地や建物を担保として短期資金を調達**できるとして，安全性に対する備えがおろそかになっていました。

長い歴史をもつ企業の場合は，大昔に購入した土地や建物を所有しており，そうした固定資産には，巨額の**含み益**があります。

▶ バブル崩壊と土地価格の下落

バブルの崩壊によって，バブル期に高い価格で取得した土地建物の価格が急落し，以前のような経済界や会計界の考え方が通用しないことが明らかになってきました。

バブル期に値上がりを期待して取得した固定資産には，巨額の含み損が発生している可能性があります。長い歴史を持つ企業でも，含み損と含み益を相殺（そうさい）すれば損失がでる企業もあるでしょうが，歴史の新しい企業は，多くの場合，バブル期に巨額の不動産投資をしています。その分，バブル崩壊による含み損が巨額になっているはずです。

今回，設定された減損会計基準は，こうしたバブル期に取得（高づかみ）した不動産に発生している可能性のある含み損を，表面化（損失を計上）させようとするものです。

▶ 固定資産の減損・減損処理とは

固定資産の**減損**とは，「**資産の収益性の低下により投資額の回収が見込めなくなった状態**」をいい，**減損処理**とは，そのような場合に，「**一定の条件の下で回収可能性を反映させるよう帳簿価額を減額する会計処理**」をいいます（減損会計基準意見書）。

表現を変えると，「**減損**」とは，所有する固定資産を使用することによって得られる**投資収益**が，その資産を取得した時の投資額（**取得原価**）を下回るようになったとき，つまり，**投資が失敗**したことをいいます。

277

「**減損処理**」は，減損が生じたときに，その減損の額（投資額の回収が見込めなくなった額）を計算して，固定資産の帳簿価額（簿価）を減額し，その分だけ，**損益計算書に損失を計上**することをいいます。

その結果，**損益計算書**には，当期（まで）に発生した固定資産の価値減少を**減損損失（特別損失）**として計上し，**貸借対照表**では固定資産の価額（貸借対照表に記載する金額）を，購入したときの価格（取得原価）ではなく，**現在の価値（投資の回収可能額）が記載**されることになります。

減損損失を認識・計上するには，一定の手順を踏む必要があります。大手の企業は，金額もまちまちな数多くの固定資産を世界各地に保有しており，それらの資産の収益性を一つ一つ確認することは，あまりにも煩雑かつ時間のかかる作業であり，また，ほんの少しだけ収益性が低下しているとみられるものまでも減損処理することは，（その固定資産の収益性が近い将来に回復する可能性もあることもあって）必ずしも効率的・合理的とはいえません。そこで，企業は，以下のような手順で，**減損処理をするかどうか，減損処理するとすれば減損額はいくらか**，を決めます。

(1) 減損の兆候があるかどうかを調べる（減損の兆候）
⇩
(2) 減損損失を計上するかどうかを判定する（減損損失の認識）
⇩
(3) 減損損失の金額を測定する（減損損失の測定）

以下，この3点を説明します。

減損の兆候があるかどうかを調べる

　固定資産であれば何でも減損会計基準を適用する，というのは，実務上，企業に過大な負担を負わせることになります。そこで，減損会計基準では，固定資産または固定資産グループに減損が生じている可能性を示す兆候（**減損の兆候**）がある場合に，減損損失を認識するかどうかの判定を行うことにしています。減損の兆候のない資産・資産グループについては，減損会計基準を適用するかどうかの判定は行わないのです。

▶ 減損の兆候とは

　では，「減損の兆候」とは，どういうことをいうのでしょうか。減損会計基準では，以下のようなケースを例示しています（二，1）。以下，このCHAPTERで「資産」というときは，「資産グループ」を含めています。

(1) 資産の市場価格が著しく下落したこと

(2) 資産の使用から生じる営業損益またはキャッシュ・フローが，継続してマイナスになっている（または，その見込みがある）こと

(3) 資産の回収可能価額を著しく低下させる変化が生じている（または，その見込みがある）こと

(4) 資産を使用している事業に関連して，経営環境が著しく悪化した（または，その見込みがある）こと

こうした兆候がある固定資産（または，資産グループ）については，次に，**減損損失を当期に認識**（金額を測定し，損失として計上すること）するかどうかの判定を行います。

減損損失を計上するかどうかを判定する
（減損損失の認識）

減損の兆候（ちょうこう）が認められる資産については，現実に減損損失が発生しているかどうかの判定を行う必要があります。

▶ 割引前将来キャッシュ・フローとの比較

この判定は，資産から得られる「**割引前将来キャッシュ・フローの総額**」と「**帳簿価額（簿価）**」を比較して行います。次のときには，減損が発生しているものとして，「**減損損失**」を認識します。

割引前将来キャッシュ・フローの総額　＜　帳簿価額

▶ 将来キャッシュ・フローとは何か

ある資産（土地としよう）を保有する場合，それをどのように使用するかによって，この資産から得られる将来のキャッシュ・フローは異なるでしょう。減損会計基準では，資産を使用している範囲，方法，事業などを考慮して，つまり，**用途を特定して，その用途によって得られる**将来キャッシュ・フローを問題とします。

資産（ここでは，土地）を保有する目的が賃貸であったとしましょう。土地を貸して，地代を受け取るのです。受け取る地代は，月に100万円，年に1,200万円とします。土地は永久資産ですから，賃貸を続ける限り，永遠に賃貸収入（地代）があります。

　減損会計基準では，土地に限らず，**償却性資産**（建物や機械のような減価償却の対象となる資産）も，今後，耐用年数（経済的残存使用年数）の間に受け取るか，耐用年数が20年より長い場合は**20年目までに受け取ると期待される収入**を，現在価値に割り引かずに，その時点で受け取るそのままの金額を合計して，「**割引前**」**将来キャッシュ・フローの総額**としています。月に100万円，年に1,200万円とすると，20年間では，1,200×20年＝2億4,000万円となります。このケースでは，20年を経過した後に，土地はそのまま保有されています。そこで，20年後にこの資産を処分（使用）することから得られる**回収可能価額**（例えば，**予想売却価額**）を「割引前将来キャッシュ・フローの総額」に含めます。

```
割引前将来キャッシュ・フローの総額
　＝　20年間の期待収入　＋　20年後の予想売却価額
```

割引前キャッシュ・フローを使うのは，なぜか

　減損損失の測定には，将来キャッシュ・フローの見積りが重要です。資産への投資額（取得原価）が，将来キャッシュ・フローによって回収できるならば減損の処理は必要ありません。回収できるかどうかの判断は，将来キャッシュ・フローを適切に見積もることができるかどうかに依存します。

ところが，**事業用の固定資産（工場や店舗など）**は，その成果が不確定であり，減損を測定するのも主観的にならざるを得ません。そうした点を考慮して，減損会計基準では，「**減損の存在が相当程度に確実な場合に限って減損損失を認識することが適当**」（意見書，四，2，(2)，①）だとしています。

「割引前将来キャッシュ・フロー」を使うのは，将来収入を現在価値に割り引かないで計算した収入額（つまり，投資の回収額）が帳簿価額を下回るとすれば，「減損の存在が相当程度に確実」と考えられるからです。

割引前将来キャッシュ・フローの総額は，減損損失の測定に使う金額ではありません。あくまでも，減損処理をする必要があるかどうかを見るために計算するものです。

▶ なぜ20年なのか

上の例で，土地から得られる収入を20年間に限定して将来キャッシュ・フローを計算しました。残存使用年数が20年を超える資産は，土地だけではなく，建物もあります。なぜ，20年に限定するのでしょうか。

一般に，長期間にわたっての将来キャッシュ・フローを見積もるには，不確実性が高くなります。20年後，30年後の賃貸収入がいくらになるかを確実に予測することは非常に難しいです。そこで，減損会計基準では，**経済的残存使用年数が20年を超える資産の場合は，20年経過時点の回収可能価額**（例えば，正味売却価額）を，20年目までの割引前将来キャッシュ・フローに加算することにしています（意見書，四，2，(2)，③）。

減損の兆候，減損損失の認識，減損損失の測定

　減損会計基準では，上記のような，類似の表現が使われています。これは，以下のように使い分けられています。

減損の兆候——企業が保有するすべての固定資産について減損が生じているかどうかを検討するのは，至難であるとともに，経済的合理性がないでしょう。そこで，減損が生じている可能性が高いものを抽出して，減損が生じているかどうかを判断するのです。減損が生じている可能性が高いものは，多くの場合，何らかの兆候があるはずです。例えば，資産の時価（市場価格）が著しく下落したような場合には，減損が生じていると推理できます。減損会計では，最初に，そうした兆候のある資産（資産グループ）を探して，これに減損損失が生じていないかどうかを検討することにしています。

減損損失の認識——減損の兆候が認められる資産について，本当に，当期において減損損失を計上する必要があるかどうかを判定することをいいます。実際には，「割引前将来キャッシュ・フローの総額」と「帳簿価額」を比較して，前者が小さければ，減損損失を計上します。

減損損失の測定——上の計算でキャッシュ・フローの総額が帳簿価額を下回れば減損損失を計上することになるが，計上する損失の額は，回収可能額をベースに計算します。回収可能額が帳簿価額を下回る額を計算して，当期の損失とするのです。これが，減損損失の測定です。

減損損失の金額を測定する（減損損失の測定）

　上で，「減損損失の認識」のために，「割引前将来キャッシュ・フローの総額」を算定しました。これは，減損損失を認識するために，表現を変えると，**減損損失を当期に計上するかどうかを判定するために計算したもの**であり，減損処理においてこの金額を使うわけではありません。

▶ 回収可能価額まで減額

　減損損失を認識すべきであると判定された資産は，**帳簿価額を回収可能価額まで減額**し，当該減少額を減損損失として当期の損失に計上します（特別損失）。

▶ 回収可能価額には２つある

　資産へ投資した資金は，その資産を利用することによって回収するか，その資産を売却して回収します。売却により回収する額を「**正味売却価額**」といい，利用により回収する額を「**使用価値**」といいます。使用価値は，資産を使用し続けて得られる**将来キャッシュ・フローの現在価値**です。

　減損会計では，**正味売却価額と使用価値を比較して，大きい方の金額をもって回収可能価額**とします。売ったら100万円で，使ったら120万円の収入があるとすれば，企業は，売らずに使用を続けるでしょうし，売れば100万円，使えば60万円というのであれば，企業はこの資産を売却するでしょう。そう考えると，**貸借対照表に記載する金額としては，売価と使用価値のうち，大きい方**とするのが合理的です。

CHAPTER 26
損益計算書の構造と作り方
―当期業績主義と包括主義

♣ GUIDANCE

　損益計算書は,その企業の収益性(具体的には,経営効率や資本の運用効率)を示すものですから,財務諸表の中では一番重要なものです。

　財務諸表を利用する立場の人たちには,株主,債権者,投資家,課税当局,消費者,取引先など多様な人たちがいます。こうした人たちは,企業と何らかの利害関係を持っているために,利害関係者(ステークホルダー)と呼ばれます(ステークは,競馬の賭け金や賞金の意味であり,ステークホルダーとは,そうした賭け金・賞金をもらう人が原義です)。

　財務諸表を利用する人たちが,損益計算書に何を求めているか,損益計算書から何を知ろうとしているか,そうした情報ニーズに対して,損益計算書は十分な満足を与えているか,これらが損益計算書を読み解くカギとなります。

　以下,そうした視点を忘れずに読んでいただきたい。貸借対照表に比べて,損益計算書が複雑な構造になっているのは,こうした各種の利害関係者(いろいろな立場から財務諸表を利用する人たち)の情報ニーズに対応しようとしているからだということを理解して下さい。

勘定式と報告式

貸借対照表に比べると、損益計算書は複雑です（貸借対照表は次のCHAPTERで紹介します）。特に、**売上総利益の計算過程**を表示したり、**営業損益**や**営業外損益**、**経常損益**などを区分表示したりする形式の損益計算書は、数字を追いかけるだけでも骨が折れますが、その数字の意味を理解するにはかなりの学習が必要です。

▶ 損益計算書は報告式

貸借対照表は勘定式なので簿記や会計の知識がある人にはわかりやすいのですが、**勘定式の損益計算書**は、逆に、非常に複雑で、数字を追いかけるだけでも大変です。そこで、現在では、**会社法**上の損益計算書も**金融商品取引法**上の損益計算書も、**報告式**となっています。

残念ながら、報告式だからといって簡単なわけではありません。次頁の損益計算書のモデルを見て下さい。

実は損益計算書には、＋や－の記号がついていません。ですから、何と何を足すのか、何から何を引くのかわかりません。また、ところどころにアンダーラインが引いてあるのですが、それが引いてあるのとないのとで、どう違うのかもわかりません。実に不親切なのです。ここでは、＋や－の記号をつけておきます。

損 益 計 算 書

I	売 上 高		100
II	売 上 原 価		
	1　商品期首棚卸高	10	
	2　当期商品仕入高	(＋) 54	
	3　商品期末棚卸高	(－) 12　→	(－) 52
	売上総利益		48
III	販売費及び一般管理費		
	販売手数料	4	
	広告宣伝費	(＋) 13	
	給料・手当	(＋) 10	
	減価償却費	(＋) 6　→	(－) 33
	営 業 利 益		15
IV	営業外収益		
	受取利息	1	
	受取配当金	(＋) 15　→	(＋) 16
V	営業外費用		
	支 払 利 息	1	
	有価証券評価損	(＋) 1　→	(－) 2
	経 常 利 益		29
VI	特 別 利 益		
	固定資産売却益		(＋) 13
VII	特 別 損 失		
	為 替 損 失		(－) 2
	税引前当期純利益		40
	法 人 税 等		(－) 16
	当期純利益		24

おおざっぱにいいますと、アンダーラインが引いてあるところは、足し算か引き算をします。収益や利益の項目なら加え、費用や損失なら引くのです。アンダーラインが引いてあってもその下に金額が書いてないところは、**合計額**を右に書く約束になっています。矢印（→）は、そこに計算結果を書くことを意味しています。

▶ 損益計算書はフローの計算書
　貸借対照表がストックの一覧表・有り高表なのに対して、**損益計算書はフローの計算書**です。ストックは、多くの場合、目で見て確かめられますが、フローは観念的・抽象的なものなので、目で見て確かめることはできません。会計の知識がないと、この計算書は理解しにくいのです。

▶ 当期業績主義
　そういうことを反映して、損益計算書を作るにあたって、2つの考え方があります。1つは、**あまり専門的知識がなくても損益計算書を読めるように工夫しよう**とする考え方で、これを**当期業績主義**といいます。

▶ 包括主義
　もう1つの考え方は、投資家とくに**株主が一番知りたいこと**、つまり、株主に対する**配当可能利益を計算・表示**しようとする考え方です。これを、**包括主義**といいます。注意していただきたいのは、最近トピックになっている「包括利益」とはまったく違うということです。

包括主義と包括利益

　ここでいう「**包括主義**」は，最近話題の「**包括利益**」とは意味が違います。包括主義は，当期の業績を表す「**経常利益**」に，当期の業績とはいえない「**特別損益（臨時損益，異常損益，前期損益修正など）**」を加減したものです。この意味での「包括」は，英語で，all-inclusive といいます。

　他方，**包括利益**の考え方は，損益計算というよりも，貸借対照表項目を時価評価したときに生じる項目（未実現の評価損益，実現可能損益であれ実現不明損益であれ）をも損益計算書に収容するものです。

　したがって，損益計算書には，実現した損益，未実現の損益，実現するかどうか不明の損益が「**包括利益**」として報告されます。この意味での「包括」は，英語で，comprehensive（すべてを含む，幅広い）といいます。

損益計算書の役割

　損益計算書は，企業の「**経営成績**」を計算・表示するといいますが，ここで「経営成績」とは，いったい，何を指すのでしょうか。

▶ 経営成績・収益力

　経営成績という言葉の代わりに，「**収益力**」ということもあります。会計の用語法に従えば，「収益力」というより「**利益力**」という方があっています。「**利益を生み出すパワー**」「**利益を稼ぎ出す能力**」という意味でしょうか。

　損益計算書では，**利益の源泉となる収益**（売上高，営業収益など）とその収益を生み出すために費やした費用が対比されて，差額としての利益が計算表示されます。したがって，損益計算書は，**利益が，いかなる企業活動を源泉としているか**を示すとともに，**企業がいかなる活動をどれだけ行っているか**ということも示しています。その意味では，損益を計算表示するだけのものではなく，**企業活動表**でもあるのです。

　ただし，損益計算書の内容を詳しく見てみますと，例えば，特別損益の中には，**災害損失**とか**前期損益修正**など，「経営成績」あるいは「企業活動量」とはいえない項目も含まれています。

▶ 損益計算書の作り方

　損益計算書を作る方法には，**当期業績主義**と**包括主義**という2つがあります。

当期業績主義の考え方

　当期業績主義の基本的な考え方は，当期の損益計算書だけを見れば，その企業の**経常的な収益力**，あるいは，**正常な収益力**を読み取れるように工夫して損益計算書を作るということです。

▶ 正常性・経常性というフィルター
　そのためには，当期において発生したり認識したりした収益・利得・費用・損失を「**正常性**」とか「**経常性**」といったフィルターを通して，そのフィルターを通る項目だけで損益計算書を作成するのです。

　そうしますと，例えば，**臨時の項目，異常な項目・異常な金額**，当期だけではなく**過年度または次期以降にも関係するような項目**，**過年度の損益修正項目**などは，損益計算書には載ってきません。

▶ 第3の計算書
　そうした項目は，もう1つ別の計算書を用意して，それに記載するのです。そうした計算書を，「**利益剰余金計算書**」といいます。損益計算書，貸借対照表に続く，第3の計算書です（当時は，キャッシュ・フロー計算書はなかったので，この3つが公表される財務諸表でした）。

　この方式の利点は，**企業の通常の収益力（経営成績）**を知るには，当期の損益計算書だけを見れば済むことです。**売上高利益率**を計算しても，**資本利益率**を計算しても，この企業の正常な経営活動を前提とした利益率が計算できます。したがって，**来期もこの企業が正常な経営を続けるとすれば，当期とほぼ同じような収益力や利益率を期待することができる**と考えるのです。

この当期業績主義は，財務諸表を，専門的知識を持たない人たち（しろうと）でも理解できるようにしようという，教育的・啓蒙(けいもう)的な考えに立っているものです。

当期業績主義の欠点

当期業績主義の欠点は，2つあります。1つは，損益が2つの計算書に分割して記載されますから，この企業の「本当の姿」を知るためには，2つの計算書を読む必要があることです。しろうとには損益計算書だけを見ればよいので便利ですが，アナリストや専門知識のある投資家には2つの計算書を見なければならないので不便だといえるでしょう（専門的知識があるのであれば，データが2つの計算書に分かれていても何の問題もないはずだという意見もありますが）。

もう1つの欠点は，当期に発生・認識した収益・費用項目を，**正常な項目・経常的な項目とそうでない項目に分けること**が難しいということです。項目によっては，毎期発生するので，**項目としては正常・経常的**であるが，その**金額が異常に大きい**こともあります。また，毎期は発生しないけれど，2年に1回程度，必ず発生するような項目もあります。

こうした項目について，正常かどうか，経常的に発生するかどうかを決めるのは，どうしても主観的にならざるをえないでしょう。

当期業績主義の悪用

　損益項目が，損益計算書と利益剰余金計算書に分けて記載されるようになりますと，本来なら損益計算書に記載されるべき項目が，そうすることが企業にとって不都合ということから，**利益剰余金計算書**に回されてしまうような実務が横行しかねません。

▶ 損益計算書の美化

　例えば，ある損失項目を損益計算書に計上しますと損益計算書の末尾に書かれる当期純利益が大きく減少してしまうので，これを利益剰余金計算書に回して，損益計算書を「美化」するようなことが行われるのです。

　財務諸表の利用者も，損益計算書だけに目を奪われて，第3の計算書である**利益剰余金計算書**に何が書かれているかには関心を持たなくなります。

　経営者は，それをいいことにして，損益計算書だけを美しく仕上げることに専念するのです。第3の計算書はますます「ごみの山」と化してしまいます。

　これは，架空の話ではありません。わが国では，昭和49年（1974年）の修正までは，企業会計原則では「当期業績主義」を採用していました。これが，一部の経営者によって悪用されたのです。ある収益項目または費用・損失項目が経常性をもっているか反復性をもっているかは，その企業の経営者にしか判断できません。それをいいことに，損益計算書を美化する手段として，第3の計算書にさまざまな項目が記載されるようになったのです。

こうした弊害(へいがい)を除くために，その後，わが国ではその期に発生・発見された損益はすべて損益計算書に記載することにしたのです。それが「**包括主義損益計算書**」です。

包括主義の考え方

　包括主義の基本的な考え方は，**すべての損益項目を損益計算書に記載する**というものです。つまり，利益剰余金計算書のような第3の計算書を認めないのです。簿記のデータを損益計算書と貸借対照表に2分割するというのは，まさしく，包括主義の方法です。

　この場合，損益計算書には，当期の損益がすべて記載されますから，損益計算書の末尾に掲げられる数字は，「**当期における配当可能利益の増加額**」になります。こうしたことから，包括主義の損益計算書は，投資家とくに株主が必要としている情報を「**配当可能利益**」「**処分可能利益**」だと考えて，当期における「配当可能利益」または「処分可能利益」の増加分を計算・表示しようとするものであると考えることができます。

　包括主義の損益計算書は，すべての損益を計上するのですから，ごまかしが利きません。しかし，包括主義の損益計算書を使って，企業の「経常的な収益性」「正常な収益力」を読むには，**数期間の損益計算書を比較したり通算したりする**，専門的な知識を必要とします。そうしたことから考えますと，包括主義の損益計算書は，専門的知識をもった投資家やアナリスト向けの計算書といってよいかもしれません。

現在の損益計算書

現在,わが国で採用している損益計算書は,**当期業績主義と包括主義を折衷**したものとなっています。当期業績主義の長所を活かしながら,全体としては包括主義の損益計算書としているのです。次のモデルをみて下さい。

		損益計算書				
営業損益計算	Ⅰ	売 上 高			100	当期業績主義
	Ⅱ	売 上 原 価				
		1 商品期首棚卸高		10		
		2 当期商品仕入高		54		
		3 商品期末棚卸高		12	52	
		売上総利益			48	
	Ⅲ	販売費及び一般管理費				
		販売手数料		4		
		広告宣伝費		13		
		給料・手当		10		
		減価償却費		6	33	
		営 業 利 益			15	包括主義
経常損益計算	Ⅳ	営業外収益				
		受取利息及び割引料		1		
		受取配当金		15	16	
	Ⅴ	営業外費用				
		支 払 利 息		1		
		有価証券評価損		1	2	
		経 常 利 益			29	
純損益計算	Ⅵ	特 別 利 益				
		固定資産売却益			13	
	Ⅶ	特 別 損 失				
		為 替 損 失			2	
		税引前当期純利益			40	
		法 人 税 等			16	
		当期純利益			24	

少し詳しく見てみましょう。前掲のひな形は，**企業会計原則による損益計算書**です。わかりやすくするために，金額を入れてあります。

現在の損益計算書は，**本業の損益**を計算する「**営業損益計算の区分**」，**当期の経常的損益**を計算する「**経常損益計算の区分**」，包括主義的損益を計算する「**純損益計算の区分**」という3区分から構成されています。

その企業の主たる営業活動の成果を最初に示しておき，その損益に，営業外損益（主として財テクの損益）を加減して，いったん，当期業績主義に基づく「**経常利益**」を計算表示します。ここまでが，**当期業績主義による損益計算書**となっています。

これに続けて，**特別利益・特別損失**という，超期間的・非経常的な損益項目や前期損益修正などを加減して，「**税引前の当期純利益**」を求め，これから法人税等の税負担額を控除して，最終的に，**株主にとっての利益**である「**当期純利益**」を計算表示します。これで包括主義による損益計算書となります。

以上で，損益計算書全体像を概観してもらいました。では，もう少し損益計算書をくわしく，何が書かれているかをみることにします。

■ 損益の種類と区分

上で述べたように，損益計算では，1期間の収益と費用を対応させて，つまり，比較して，その期の利益を求めます。その場合，収益と費用をまとめて比較するのではなく，**収益も費用も，企業活動別に，あるいは，発生源泉別に区分して対応**させるならば，収益や利益がどういう活動から生

じたものかを知ることができます。

　企業活動は，大きく分けて，3つあります。1つは，**本業の活動**です。これを「**営業活動**」といいます。本業から生まれた損益は「**営業損益**」といいます。

```
本業の損益 ＝ 営業損益
```

　企業は，本業以外の仕事もします。例えば，企業活動に必要な資金を調達したり，余裕資金を運用したりします。主に**財務活動**です。こうした本業以外の企業活動から生じる損益を「**営業外損益**」といいます。「本業以外の営業活動の損益」という意味です。

```
財務活動の損益 ＝ 営業外損益
```

　本業の損益（営業損益）と営業外損益を合算した損益は，「**経常損益**」と呼ばれます。「経常」を重箱読みして，「**ケイツネ**」とも呼ばれます。いつの期間にも経常的に発生する「期間損益」ということです。「**通常の損益**」「**平年の損益**」を表すもので，「**普段の実力**」といってもいいでしょう。

```
普段の実力 ＝ 営業損益 ± 営業外損益 ＝ 経常損益
```

　「普段の実力」とは関係のない損益もあります。例えば，火災による損失とか，盗難による損失，長年にわたって所有していた土地を売却して得た利益などです。こうした，当期の営業活動や財テク活動と関係のない損

益は,「**特別損益**」と呼ばれます。臨時的な損益や異常な損益です。

> 臨時・異常な損益 ＝ 特別損益

「本業の損益」と「財テクの損益」と「特別損益」を通算しますと,今年の損益(**当期純利益**)が計算されます。

> 今年の損益 ＝ 営業損益 ± 営業外損益 ± 特別損益 ＝ 当期純利益

以上の損益を,一覧できるようにした表が,次の図です。以下,この区分に従って,もう少し詳しく損益の内容を紹介しましょう。

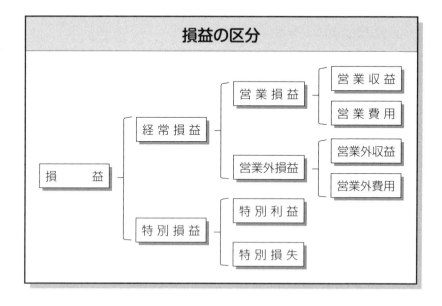

売上総利益と営業損益

　企業が日常的に営む経営活動に伴って発生する収益・費用には，本業の収益・費用（営業収益・営業費用）と，それ以外の，主として財務活動の収益・費用（金融収益・金融費用）があります。

> 本業の収益・費用 ＝ 営業収益・営業費用

> 財務活動の損益 ＝ 営業外収益・営業外費用

　損益計算では，主たる営業活動から生じる収益（通常の企業は，**売上高**）から，その収益を得るために使った費用（**売上原価**）を差し引いて，いったん，おおざっぱな利益を計算します。この利益を，経済界の人たちは「**粗利益**」とか「**荒利**」といいます。会計の専門用語では，「**売上総利益**」といいます。入門の簿記でいう，「**商品売買益**」のことです。

> 売価（売上高）－ 仕入れ値（売上原価）＝ 粗利益

　商品を仕入れて販売したときの利益は，売価（売上高）から仕入れ値を差し引き，さらに，電気代，通信費などの営業費を引かなければなりません。そうして求めた利益が，本業の損益，つまり，**営業損益**です。

> 売価（売上高）－（仕入れ値＋営業費）＝ 営業利益

ここまでの計算を，損益計算書の形で示します。

営業損益の計算プロセス

```
            損 益 計 算 書
  Ⅰ  売上高                       100
  Ⅱ  売上原価           (－)      52
        売上総利益                 48  ←粗利益
  Ⅲ  販売費及び一般管理費 (－)      33
        営 業 利 益               15  ←本業の利益
```

ここで，「**販売費及び一般管理費**」とは，次のような費用をいいます。**販売費**は，商品・製品を買い手（お得意さん）に引き渡し，代金を回収するまでの費用で，一般管理費は，企業活動全般を管理するのにかかる費用です。どちらにも「給料」があります。セールスマンに払う給料は「販売費」に入り，経理マンに払う給料は「一般管理費」に入ります。

 KEYWORD

「粗利益」は，商品でいうと，仕入原価と売価の差額です。100円で仕入れた商品を130円で販売すれば，30円の利益が出る。ただし，この30円という利益から，店の営業費，例えば，電気代，電話代，店員の給料，包装紙代などを差し引いて，本当の利益が出ます。「粗利益」というのは，商品の売価から仕入代金を差し引いただけの「おおざっぱな利益」ということです。

まぎらわしい会計用語

収　　益	売上高のように、**総額の概念**です。これから、売上原価のように差し引く項目がある場合に使います。「営業外収益」も、これから「営業外費用」を差し引くために、収益とされています。
利　　益	「純利益」という用語が暗示するように、**純額の概念**で、これ以上差し引くものがない、「**最終の利益**」という場合に使います。「経常利益」や「当期純利益」はこの意味で使われています。
費用・損失	**費用**が「収益を生むために使った」という性格を持つのに対して、**損失は、「収益を生むのに貢献しなかった」**という性格を持ちます。そうした費用の例は「電力料」であり「通信費」があり、損失の例としては、「火災損失」や「盗難損失」があります。

　「給料」といいますと、もらうものというイメージがあるかもしれませんが、企業からいいますと、支払う費用です。払った費用の目的によって、販売費とされたり一般管理費とされたりするのです。販売費と一般管理費をあわせて、業界の皆さんは「**販管費**」と呼んでいます。

🔑 KEYWORD

販　売　費	販売員給料、販売員旅費、販売手数料、荷造運送費、広告費、発送費など
一般管理費	役員給料、事務員旅費、通信費、光熱費、消耗品費、修繕費、支払家賃、雑費など

営業外損益

本業以外の活動から生じる損益を，「**営業外損益**」といいます。「営業外」といいますが，営業活動であることは変わりなく，「(**主たる**) 営業外」という意味です。メインは，次に示しますように，資金調達・資金運用の収益と費用です。

	KEYWORD
営業外収益	受取利息，有価証券利息，受取配当金，有価証券売却益，仕入割引，雑益など
営業外費用	支払利息，社債利息，新株発行費償却，有価証券売却損，有価証券評価損，売上割引，雑損など

本業の損益（営業損益）に営業外損益を加減したものが，**経常損益**です。上にも述べましたように，「平常の損益」「いつもの損益」「普段の実力」といった意味の損益です。業界の皆さんは，**経常利益**のことを「**ケイツネ**」と呼びます。

ここまでの損益計算を示しますと，次のようになります。

経常損益の計算

```
          損 益 計 算 書
Ⅰ  売上高                      100
Ⅱ  売上原価           (−)      52
      売上総利益                 48  ←粗利益
Ⅲ  販売費及び一般管理費  (−)      33
      営 業 利 益               15  ←本業の利益
Ⅳ  営業外収益         (+)      16
Ⅴ  営業外費用         (−)       2
      経 常 利 益               29  ←今年の平常利益
```

特別損益

　上の損益計算書（途中までしか書いてありません。295頁に，最後まで示した損益計算書を載せています。）を見ますと，収益（売上高）から始めて，本業の損益を計算し，営業外損益を加減して「今年の平常の利益」として**経常利益**を求めています。

　しかし，企業の損益には，今年の損益以外のものもあります。例えば，長年所有していた土地を売却して利益がでた場合は，その利益は所有していた長期間の利益です。不幸にして火災に遭い損失を被ることもあります。また，過去に減価償却費の計算を間違えて追加の償却費を計上するということもあります。こうした**臨時の損益**や**計算の修正**は，「**特別損益**」と呼ばれ，上に掲げた損益計算書の末尾に記載されます。

損益計算書を読むコツ
——活動量を示した損益計算書

　損益計算書は，フローの計算書です。企業の活動を量的に示しているといえます。

　最初に書いてある「売上高」は，販売活動の量を示しています。この金額を前年と比較したり，隣の会社や競争相手の売上高と比較すれば，去年より増えたとか，隣の会社より多いとかの情報が手に入ります。ただし，その売上げが質のいいものかどうかは，ここではわかりません。後の方で，「売上げの質」を見る方法を紹介します。

　営業外収益や営業外費用をみますと，この会社が資金の調達や運用（財テク）にどれだけ活動したかがわかります。

　さらに，損益計算書からは，経営活動の成果を読み取ることができます。経営の成果は，端的には利益の大きさで示されますが，今日の損益計算書は，経営の成果を経営活動の種類別に計算・表示しています。この話を次にします。

成果を計算する損益計算書

　企業活動には，生産活動，販売活動，投資活動，管理活動，資金調達や資金運用活動など，いろいろな種類があります。

　企業活動には必ずお金がついて回ります。活動量が増えれば，ついて回るお金も増えます。ですから，企業活動の量を知りたければ，お金の動きを見るとわかります。**活動量**は**時間**（労働の時間とか機械の稼働(かどう)時間）で測ることもできますし，**生産数量**や**販売数量**（A製品が何個，B製品が何個）でも測れます。**電気の消費量**（何万キロワット）とか**ダイレクトメールの発送量**（何万通）とかでも活動の量は測れます。

　しかし，こうして測った活動量は，それぞれの単位（時間とか個数とかワット数）が違うので，お互いに比較したり，足したり引いたりすることはできません。さらに困ったことに，こうした物量単位で活動量を把握しても，その活動から生まれる純成果，つまり，利益の額を計算できないのです。

　そこで，企業は，**すべての活動を金額で測る**のです。**販売数量ではなく売上高**，**電気の消費量ではなく電気代**，**ダイレクトメールの発送数量ではなく通信費**のようにです。そうすることで，企業のいろいろな活動を，お互いに比較したり，足したり引いたり，損益を計算したりすることができるようになります。

　上に書いた各種の企業活動は，それぞれ金額で測定され，集計されて損益計算書に記載されます。それぞれの活動の量とその成果がどのように損益計算書において示されているかを次頁に図示しました。

	（販売活動の量）
売上高　100	

	（販売活動の成果）
売上原価　52	売上総利益　48

（販売活動・一般管理活動の量）（本業の成果）

販売費 一般管理費 33	営業利益 15

（主たる営業以外の活動量）（平常の成果）

営業外損益 14	経常利益　29

（超期間・臨時の活動量）（今年の成果）

特別損益 11	税引前利益　40

（分配可能利益）

法人税等 16	当期純利益 24

CHAPTER 27

貸借対照表の構造と作り方

♣ GUIDANCE

貸借対照表も損益計算書も，形式としては，勘定式と報告式があります。

勘定式は，貸借対照表であれば，T型の勘定と同じく，左に資産の部を書いて，右に負債の部と資本の部を書きます。勘定式は簿記の知識のある人たちにとっては，理解しやすい形式です。しかし，簿記の知識がない人たちにとっては，何回説明を聞いても理解するのに苦労します。

報告式は，貸借対照表を，上から順に，資産の部，負債の部，資本の部を書き流したものです。複式簿記の知識がなくても，理解できるといわれています。

B／S（勘定式）		B／S（報告式）
	負 債	資 産
資 産	資 本 （純資産）	負 債
		資 本（純資産）

では，報告式の方がわかりやすいかというと，そうでもありません。報告式の場合，借方（資産の部）と貸方（負債と資本の部）の関係を掴みにくいからです。

貸借対照表に関していいますと，勘定式の方がわかりやすいのではないでしょうか。資金の源泉（貸方・右側）と資金の運用形態（借方・左側）を一覧できるのは，大きな長所といえます。

◾ 貸借対照表の役割

　貸借対照表は,企業の一時点における「**財政状態**」あるいは,「**財務状態**」を計算・表示するものだといわれます。では,ここでいう「財政状態」とは,いったい,いかなるものなのでしょうか。

▶ 財務と財政

　「財政」とか「財務」という表現は,「**財の管理・運営**」を意味しますが,会計では,「財務」というとき,**プラスの財（資産）**に限定せず,**マイナスの財（負債）**を含め,その両者の差額として計算される**ネットの財（資本）**をも含めています。

　会計では,こうした「財」を,物として管理・運用することよりも,「**資金**」**の調達とその運用**という側面を重視しています。例えば,商品として仕入れた電卓が何台あって,そのうち何台売れたか,という**物量的な情報**よりも,その電卓をいくらで仕入れて,いくらで売ったか,という**金額情報**を重視します。

　英語で,財政状態のことを「financial position」といいます。

　finance（ファイナンス）という語は,古期のフランス語「（お金を払って）事件を終わりにすること」という意味が起源だそうです。そういえば,フランス映画の終わりには,「fin（ファン）」という文字が出てきます。その意味を込めていいますと,「financial position」は,「事業活動の結果（結末）としての資金状況」ということです。

以上のことを考えあわせますと，貸借対照表によって表示される「財政状態」とは，「期末現在における資金繰りの状況」あるいは「**資金の調達源泉（負債と資本）とその運用形態（資産）**」といってよいでしょう。

▶ 借方と貸方は何を表しているのか

貸借対照表の借方を**資金の経済的側面**，貸方を**資金の法律的側面**と捉えることもできます。借方（資産）は，**資金を現在，何に投資しているか**を表していますから，**資金の経済面**といえます。それに対して，貸方は，**資金の提供者は誰か**を示しています。表現を変えますと，企業の資金（資産）に対して，誰がどれだけの請求権を持っているかを示しているわけです。**資金の法律面**ともいえます。

残高表としての貸借対照表

貸借対照表に積極的な意味を見出そうとすれば，上のような解釈になるでしょう。

しかし，現実の貸借対照表を観察しますと，多くの資産は，**資金の現在の状況**を表すとはいえませんし，負債も，**現在の債務額とは違う金額**がついているものもあります。

例えば，減価償却の対象となっている資産を考えてみます。未償却原価は，「固定資産に投下された資金のうち，未だ，損益計算をとおして回収されていない価額」という意味であり，今後，**いくらの資金を産むか**という意味の金額ではありません。資産に付されている金額は，必ずしも，「現在の資金量」を説明するものではないのです。

また，負債の部に書かれている「借入金」にしろ「社債」にしろ，**貸借対照表日現在の負債額**ではありません。いずれ**期限がきたときに返済する金額**でしかないのです。

　最初の方で書きましたが，今日の会計は，動態論をベースにしています。動態論においては，貸借対照表を「財政状態」あるいは「財務状態」を示す表とは見ずに，**当期の損益計算書と次期の損益計算書を結ぶ連結環**，あるいは，**損益計算書の補助手段**として位置づけられています。

　複式簿記のシステムから取り出されるデータのうち，損益に関するデータ（フローに関するデータ）だけを集めて損益計算書を作りますと，残りのデータはすべて貸借対照表に収容され，次期以降の損益計算に引き継がれていくのです。

▶ **貸借対照表は連結環**
　意味のあるのは損益計算書で，その損益計算書を意味あるものにしているのが，当期と次期のデータを結びつける貸借対照表だということです。動態論の下では，貸借対照表は，当期と次期の損益計算書を有意義に結びつける**連結環**であり，複式簿記からアウトプットされるデータのうち，有意義なデータ（損益データ）を使った後に残る「**残高表**」だということになります。

貸借対照表の配列法

貸借対照表の配列には，**固定性配列法**と**流動性配列法**があります。

▶ 固定性配列法

　固定性配列法の場合は，借方は，固定資産を最初に，流動資産を後に記載し，貸方は，自己資本からはじめて，負債も固定負債を上に，流動負債を下に記載する方式です。

　固定性配列法は，**長期性の資金源泉（自己資本や固定負債）と長期性の資産（固定資産）との対応を重視**したものです。両者が，金額的に釣り合っていれば，その企業は，**財政的に安定**していると見られます。

▶ 流動性配列法

　流動性配列法の場合は，借方は，現金から書きはじめ，現金化する期間が短い順に，流動資産，固定資産の順に記載します。負債も支払いの期限が近い流動資産からはじめ，固定負債，自己資本（純資産）の順に記載します。

　現在，多くの国では，原則として，**流動性配列法**を採用しています。企業会計原則は，「**資産及び負債の項目の配列は，原則として，流動性配列法によるものとする**」（第三，三）としており，また，財務諸表等規則でも同様の規定をおいています（第13条）。

▶ なぜ流動性配列法を採るのか

　流動性配列法を採るのは，流動資産と流動負債を対応表示することによって，企業の**短期的な支払能力を判定**できるようにするためです。

つまり，短期間に現金化されると予想される流動資産と，短期間に支払期限がくる流動負債を対比させて，**流動負債を返済する能力**を計算できるようにするのです。

流動資産には，**現金預金**のように，額面どおり負債の返済財源とすることができるものもありますが，**棚卸資産**のように，即時換金価値が帳簿価額よりもかなり小さいものもあります。そのために，流動負債の額よりも多めに流動資産を持っている必要があるといわれています。

一般に，**流動資産と流動負債の関係**は，次の**流動比率**によって計算されます。

$$流動比率 = \frac{流動資産}{流動負債} \times 100 \ (\%)$$

▶ 200%テスト

この比率は，上に述べたような事情から，**200%以上**あることが望ましいといわれています。つまり，短期間に返済する負債が100円あれば，短期間に現金化される資産を200円保有しているべきだというのです。これを，「**200%テスト**」とか「**2対1の原則**」と呼んでいます。

なお，わが国では，資産・負債の分類に，**営業循環基準と1年基準**を併用していますので，流動資産と流動負債の中は，厳密には，資金循環の順番のとおりには書かれていません。

貸借対照表の構造

損益計算書に比べますと，貸借対照表は，シンプルな構造になっています。借方（左側）にすべての**資産**を書き，貸方（右側）に**負債**を書き，同じ貸方に，資産と負債の差額として計算された**純資産**を書きます。

資産と負債は，それぞれ，**流動性配列法**に従って，流動資産または流動負債からはじめ，固定資産または固定負債を書きます。資産の場合は，流動資産にも固定資産にも入らない「繰延資産」が最後に書かれます。

純資産の部は，**法定資本（資本金）**と**法定準備金（資本準備金と利益準備金）**を書き，**土地再評価差額金，その他有価証券評価差額金**を加減し，自己株式があれば控除する形で表示します。

次頁に，貸借対照表のモデルを示しておきます。

貸借対照表のひな型

貸 借 対 照 表

(資産の部)			(負債の部)		
Ⅰ 流動資産			Ⅰ 流動負債		
当座資産			支払手形		16
現金・預金		28	買掛金		8
受取手形		1	短期借入金		11
売掛金		2	流動負債合計		35
有価証券		4	Ⅱ 固定負債		
計		35	社債		9
棚卸資産			長期借入金		2
商品・製品		23	退職給付引当金		2
仕掛品		5	固定負債合計		13
原料・材料		7	負債合計		48
計		35	(純資産の部)		
流動資産合計		70	Ⅰ 株主資本		
Ⅱ 固定資産			1 資本金		36
(1) 有形固定資産			2 資本剰余金		
機械・装置		12	(1) 資本準備金		7
土地		21	(2) その他資本剰余金		1
建設仮勘定		8	自己株式処分差益		1
計		41	資本剰余金合計		9
(2) 無形固定資産			3 利益剰余金		
特許権		2	(1) 利益準備金		2
商標権		4	(2) 任意積立金		
計		6	中間配当積当金		2
(3) 投資その他の資産			別途積立金		31
投資有価証券		20	(3) 繰越利益剰余金		10
固定資産合計		67	利益剰余金合計		45
Ⅲ 繰延資産			株主資本合計		90
社債発行費		1	Ⅱ 評価・換算差額等		0
資産合計		138	負債・純資産合計		138

INDEX

索　引

あ行●

後入先出法　114-115
洗い替え法　101-104
粗利益　299-300
委託販売　191, 248-251
1年基準　79-80, 312
一致の原則　216
一般原則　CH5
一般に公正妥当と認められる
　　　企業会計の慣行　42
移動平均法　117
請負工事　260-261
売上総利益　299
売上計算書　249
売上割戻引当金　192-193
営業外損益　297, 302
営業権　133-134
営業循環　229
営業循環(基準)　76-78, 91, 312
営業損益　297, 299
営業損益計算　296
営業損益計算の区分　296
オフバランス　139, 141
オペレーティング・リース取引
　　　146-147

オンバランス　144-145

か行●

開業準備費　161
開業費　159, 162
会計の法規　CH1
会社法会計　18-24
会社法施行規則　27-28
会社法のディスクロージャー　22-24
会社法の引当金　179-180
回収可能価額　284
回収期限到来基準　255
回収基準　255
買取意思表示基準　253
開発費　165
解約不能　148, 150
価額　84
架空利益　21
確定決算主義　28-29, 34
貸倒引当金　173, 183-185
加重平均原価　116
課税所得　36-40
合致の原則　216
割賦基準　255
割賦販売　254-256

315

株式交付費　163－164
貨幣性資産　228
勘定式　286
関連会社株式　91, 93, 97
期間帰属　234, 238
期間損益計算　214, 218－220, 232－234
期間損益計算の原則　CH 21
企業会計基準委員会　42
企業会計原則　CH 4
企業会計審議会　42
基準資本金額　210
擬制資産　158
機能的減価　131
GAAP　41
キャピタル・ゲイン　91
強制評価減　107－108
強制評価損　125
切り放し法　103
金額法　118
金庫株　163
金銭債権　184
金融商品取引法　26－28
金融商品の分類と評価　CH 9
口別損益計算　214, 217－218, 232－234
繰延資産　CH 14
繰延資産の範囲・種類　159－167
経常損益　297
経常損益計算の区分　296
経常利益　296
継続企業　85
継続性の原則　54－56
決算公告　23－24
欠損填補　209
原価時価比較低価法　124

原価主義・原価基準　14, 124－125
減価償却引当金　175
原価比例法　265－266
研究開発費　166－167
現金同等物　228
減資　209
検収基準　246
減損損失　CH 25
減損損失の測定　278, 284
減損損失の認識　278, 280－284
減損の兆候　278－280, 283
工事完成基準　261－262, 264－268
工事契約　CH 23
工事進行基準　261－262, 264－268
ゴーイング・コンサーン　85, 232－234
子会社株式　91, 93, 97
固定資産　CH 7
固定資産の原価配分　CH 12
固定資産の流動化　74
固定性配列法　311
個別法　117

さ行●

災害損失　274
債券・債権　106
債権者・債権者保護　20－21
財産計算説　7
財産の払い戻し　209
財産目録　9
財政・財務　308
財政状態・財務状態　308
財務諸表等規則　26－28, 44
債務保証引当金　194－196

先入先出法　112-113
残高表　309-310
300万円ルール　151-152
時価基準　84
時価主義　14,84
仕切精算書　249-250
資金の循環　75
試験研究費　165
施行面積比例法　266
自己株式　163
自己株式の有償取得　211
資産除去債務　CH 17
資産の評価基準　CH 8
資産の分類　CH 7
自社株　163
市場価格のある有価証券　94-97
市場価格のない有価証券　94-97
実現，実現可能，未実現　86,100-101
実現主義　224-225
実現主義による収益の計上　223
実現主義の原則　239-240
実現の要件　240
私的自治　17
資本(会社法)　CH 18
資本金・準備金　206-210
資本金・準備金・剰余金　CH 18
資本金等増加限度額　206-207
資本金等の計数の変動　208-209
資本取引　50
資本取引・損益取引区別の原則　49-51
資本利益率　136-139
社債発行費　163-164
収益・利益　301
収益控除性引当金　190

収益の控除　170
収益の実現　226-227
収益の対価　228
収益の発生と実現　CH 20
収益費用対応　155
収益費用対応の原則　238-239
収益力　290
重要性の原則　61
出荷基準　245
取得原価　82-83
取得原価主義(会計)　12,82-83
純資産が300万円を下回る場合の
　　配当規制　212
純損益計算の区分　296
準備金　CH 18
少額リース取引　152
使用価値　284
償却原価法　96-97,107
償却率　130-131
条件付債務　189
試用販売　191,253-254
消費貸借・賃貸借　142
剰余金　CH 18
剰余金等の計数の変更　208
剰余金の配当　209-210
剰余金の払い戻し　210-212
剰余金の分配可能額　212
賞与引当金　177-178,185-186
新株発行費　163
真実性の原則　46-47
数量法　118
正規の簿記の原則　48
政策投資　92
清算会計　232

生産高比例法　132
正常な貸倒額　184
静態論　8-14
正当な理由　56
製品保証引当金　171,188-189
税法会計　28-29
税法の逆基準性　39-40
セール・アンド・リースバック取引
　　　　153
前期損益修正　271-272
全体損益計算　214-217
全体利益　216
創業費　161
相当の減額　107-108
総平均単価　116
贈与　82
創立費　159-161
測定における収支原則　236-237
その他有価証券　97-99
ソフトウェア　166-167,263-264,267
損益計算　CH 19
損益計算書　CH 26
損益計算書のひな型　287,295
損益取引　50
損益法に基づく引当金　172
損害補償引当金　194-196

た行●

対応原則　239
対価　84
貸借対照表　CH 27
退職給付引当金　186-188
たこ配当　17

正味売却価額　284
棚卸資産　110-111
棚卸資産の原価配分　CH 10
棚卸低価引当金　174
単一性の原則　59-60
短期リース取引　152
単式簿記　49
着荷基準　245-246
注解18の引当金　176-177
中間配当　211
長期請負工事　259-262
直接作業時間比例法　266
低価基準　85
定額法　130
低価評価切下額　174
低価評価損　174
低価法　CH 11
定率法　130-132
低廉取得資産　82,84
転リース取引　152-153
当期業績主義　CH 26
当期純利益　296,298
投資者保護　25-28
投資有価証券　71-72
動態論　8-14
特殊商品売買　CH 22
特別損益　CH 24
トライアングル体制　CH 3

な行●

内部留保　211
200％テスト　312
認識・測定・計上　234-237

納品基準　246
のれん　133-134
ノンキャンセラブル　148

は行●

売価還元低価法　120
売価還元法　118-120
配当可能利益　36-40,294
配当拘束　209
売買目的有価証券　71,96-97
発生　86
発生主義会計　170,223-225
発生主義の原則　240-242
発送基準　245
払込み又は給付をした財産の額
　　　　　　　　　　　206-207
販管費　301
販売基準　227,244-247
販売の条件　244-247
販売費及び一般管理費　300-301
非営業循環資産・負債　79-80
引当金　CH 15, CH 16
引当金設定条件　169,182-183
引渡基準　244,247
費用・損失　301
評価益　85
評価性引当金　173-175
ファイナンス・リース取引　146-153
複式簿記　49
含み益・含み損　12-14,85,126
不在株主　19,25
負債性・債務性　175
負債性引当金　173-177

負債の評価（会社計算規則）　178
附属明細書　72
附属明細表　72
フルペイアウト　148-149
平均法　115-117
返品調整引当金　190-192
返品調整引当金（会社法）　192
包括主義　CH 26
包括利益　288-289
報告式　286
法律上の有価証券と会計上の
　　　有価証券　89
保守主義の原則　57-58

ま行●

満期保有目的債券　93,96-97
未実現収益　227,239-240
未実現利益・損失　13,85,126-127
未成工事支出金　268
未払退職給付金　187
未払賞与　185-186
無形固定資産　133-134
無償取得資産　82,84
明瞭性の原則　52-53
持ち合い株式　92-93
モノの流れとコストの流れ
　　　　　　　　　　112-120,123

や行●

役員賞与引当金　186
有価証券　71
有価証券と金融商品　88-89

有価証券の範囲　88-89
有価証券の分類　71,89-93
予約販売　251-252
予約販売前受金　252

ら行●

リース・賃貸借・レンタル　136
リース資産・リース債務　**CH 13**
リース資産の減価償却　150
リース取引　145
利益計算説　8
利益剰余金計算書　291,293

流動資産　**CH 7**
流動性配列法　311,313
流動比率　74-75,80,312
留保利益　211
臨時巨額の損失　274
臨時損益　271-274

わ行●

割引前将来キャッシュ・フロー
　　　　　　　　280-282
ワン・イヤー・ルール　79-80

☆　著者のプロフィール　☆

田　中　　弘（たなか　ひろし）

神奈川大学名誉教授・博士（商学）（早稲田大学）

早稲田大学商学部を卒業後，同大学大学院で会計学を学ぶ。貧乏で，ガリガリに痩せていました。博士課程を修了後，愛知学院大学商学部講師・助教授・教授。この間に，学生と一緒に，スキー，テニス，ゴルフ，フィッシングを覚えました。
1993年－2014年　神奈川大学経済学部教授。
2000年－2001年　ロンドン大学（LSE）客員教授。
公認会計士2次試験委員，大蔵省保険経理フォローアップ研究会座長，
郵政省簡易保険経理研究会座長，保険審議会法制懇談会委員などを歴任。

一般財団法人経営戦略研究財団理事長
一般財団法人ビジネス技能検定協会会長
辻・本郷税理士法人顧問
英国国立ウェールズ大学経営大学院（東京校）教授
日本アクチュアリー会　客員
一般社団法人中小企業経営経理研究所所長
Ｅメール　akanat@mpd.biglobe.ne.jp

最近の主な著書
『会計学グローバリズムの崩壊――国際会計基準が消える日』税務経理協会，2019年
『伸びる会社のチエ袋』税務経理協会，2018年
『GDPも純利益も悪徳で栄える――「賢者の会計学」と「愚者の会計学」』税務経理協会，2016年
『「書斎の会計学」は通用するか』税務経理協会，2015年
『新財務諸表論（第5版）』税務経理協会，2015年
『会計学はどこで道を間違えたのか』税務経理協会，2013年
『会計基準――新しい時代の会計ルールを学ぶ』税務経理協会，2012年
『経営分析――監査役のための「わが社の健康診断」』税務経理協会，2012年
『会計と監査の世界――監査役になったら最初に読む会計学入門』税務経理協会，2011年
『複眼思考の会計学－国際会計基準は誰のものか』税務経理協会，2011年
『財務諸表論を学ぶための会計用語集』税務経理協会，2008年
『会計学を学ぶ――経済常識としての会計学入門』（共著）税務経理協会，2008年
『新会計基準を学ぶ』（全4巻）（共著）税務経理協会，2008－2011年
『「稼げる」税理士になる方法』（共著）すばる舎リンケージ，2008年
『財務諸表論の学び方――合格答案を書く技法』税務経理協会，2006年
『不思議の国の会計学――アメリカと日本』税務経理協会，2004年
『時価会計不況』新潮社（新潮新書），2003年
『原点復帰の会計学――通説を読み直す（第二版）』税務経理協会，2002年
『会計学の座標軸』税務経理協会，2001年

著者との契約により検印省略

平成27年3月1日　初版第1刷発行	財務諸表論の考え方
令和4年6月1日　初版第2刷発行	－会計基準の背景と論点－

著　者　田　中　　　弘
発行者　大　坪　克　行
印刷所　税経印刷株式会社
製本所　牧製本印刷株式会社

発行所　〒161-0033　東京都新宿区下落合2丁目5番13号　株式会社　税務経理協会

振　替　00190-2-187408　　電話　(03)3953-3301（編集部）
ＦＡＸ　(03)3565-3391　　　　　　(03)3953-3325（営業部）
URL　http://www.zeikei.co.jp/
乱丁・落丁の場合は，お取替えいたします。

Ⓒ　田中　弘　2015　　　　　　　　　　　　　　　Printed in Japan

本書の無断複製は著作権法上での例外を除き禁じられています。複製される場合は，そのつど事前に，出版者著作権管理機構（電話 03-5244-5088，FAX 03-5244-5089, e-mail : info@jcopy.or.jp）の許諾を得てください。

JCOPY ＜出版者著作権管理機構　委託出版物＞

ISBN978-4-419-06178-4　C3034

キャッシュ・フロー計算書

Ⅰ	営業活動によるキャッシュ・フロー	
	税引き前当期純利益	300
	減価償却費	30
	有価証券売却損	20
	売掛金・受取手形の増加額	-60
	棚卸資産の減少額	40
	買掛金・支払手形の増加高	30
	小　計	360
	法人税等の支払額	-150
	営業活動によるキャッシュ・フロー	210
Ⅱ	投資活動によるキャッシュ・フロー	
	有価証券の売却による収入	200
	有形固定資産の取得による支出	-160
	投資活動によるキャッシュ・フロー	40
Ⅲ	財務活動によるキャッシュ・フロー	
	短期借入れによる収入	100
	社債の償還による支出	-80
	財務活動によるキャッシュ・フロー	20
Ⅳ	現金及び現金同等物の増加額	270
Ⅴ	現金及び現金同等物の期首残高	2,400
Ⅵ	現金及び現金同等物の期末残高	2,670

損 益 計 算 書

営業損益計算	Ⅰ 売上高			100
	Ⅱ 売上原価			
	1 商品期首棚卸高	10		
	2 当期商品仕入高	54		
	3 商品期末棚卸高	12	52	
	売上総利益			48
	Ⅲ 販売費及び一般管理費			
	販売手数料	4		
	広告宣伝費	13		
	給料・手当	10		
	減価償却費	6	33	
	営業利益			15
経常損益計算	Ⅳ 営業外収益			
	受取利息及び割引料	1		
	受取配当金	15	16	
	Ⅴ 営業外費用			
	支払利息	1		
	有価証券評価損	1	2	
	経常利益			29
純損益計算	Ⅵ 特別利益			
	固定資産売却益			13
	Ⅶ 特別損失			
	為替損失			2
	税引前当期純利益			40
	法人税等			16
	当期純利益			24

ここまでが当期業績主義の損益計算書

全体として包括主義の損益計算書